W0323970

SCHÄFFER
POESCHEL

Christine Bortenlänger/Sabine Theadora Ruh

Kompass Geldanlage

Ihr Weg zu Vermögen und finanzieller Sicherheit

2005
Schäffer-Poeschel Verlag Stuttgart

Die Autorinnen:
Dr. Christine Bortenlänger, Geschäftsführerin der Börse München
Dr. Sabine Theadora Ruh, freie Finanzjournalistin und Buchautorin

Bibliografische Information Der Deutschen Bibliothek
Die Deutsche Bibliothek verzeichnet diese Publikation in der Deutschen Nationalbibliografie; detaillierte bibliografische Daten sind im Internet über <http://dnb.ddb.de> abrufbar.

Gedruckt auf chlorfrei gebleichtem, säurefreiem und alterungsbeständigem Papier

ISBN 3-7910-2373-X

Dieses Werk einschließlich aller seiner Teile ist urheberrechtlich geschützt. Jede Verwertung außerhalb der engen Grenzen des Urheberrechtsgesetzes ist ohne Zustimmung des Verlages unzulässig und strafbar. Das gilt insbesondere für Vervielfältigungen, Übersetzungen, Mikroverfilmungen und die Einspeicherung und Verarbeitung in elektronischen Systemen.

© 2005 Schäffer-Poeschel Verlag für Wirtschaft • Steuern • Recht GmbH

www.schaeffer-poeschel.de
info@schaeffer-poeschel.de

Einbandgestaltung: Willy Löffelhardt
Druck und Bindung: Kösel, Krugzell • www.koeselbuch.de
Satz: pws Print und Werbeservice Stuttgart GmbH

Printed in Germany

April 2005

Schäffer-Poeschel Verlag Stuttgart
Ein Tochterunternehmen der Verlagsgruppe Handelsblatt

Grußwort des Bundesministers für Wirtschaft und Arbeit Wolfgang Clement

Sparstrumpf oder Sparbuch? Die Zeiten, als die Möglichkeiten zur Geldanlage noch so übersichtlich waren, sind passé. Wer heute sein Geld für sich arbeiten lassen will, hat angesichts einer Fülle von Finanzprodukten mit ganz unterschiedlichen Risiken und Renditeversprechen den Vorzug der Wahl. Dabei wird auch die zusätzliche finanzielle Vorsorge fürs Alter immer wichtiger.

Aktuelle Studien und Umfragen zeigen jedoch, dass der Kenntnisstand vieler Bürgerinnen und Bürger zum Thema Geldanlage noch nicht ausreicht, um dem wachsenden Entscheidungsbedarf gerecht zu werden. Dieses Wissensdefizit haben die Autorinnen zum Anlass genommen, einen grundlegenden Ratgeber zu verfassen, und indem sie neueste Erkenntnisse auf diesem Gebiet berücksichtigen, nähern sie sich dem Thema auf eine sehr innovative, aber auch erfrischende Weise.

Damit ist der »Kompass Geldanlage« eine Weiterentwicklung des »Kanons zur finanziellen Allgemeinbildung«, der auf einem Symposium von Wissenschaftlern und Experten diskutiert und verabschiedet wurde. Ich hatte die Schirmherrschaft für diese Veranstaltung sehr gern übernommen, weil aus meiner Sicht jeder Beitrag zur finanziellen Allgemeinbildung auch von hoher gesellschaftspolitischer Relevanz ist.

So begrüße ich auch diesen »Kompass« als einen gelungenen Beitrag, den Menschen in wesentlichen Fragen ihrer persönlichen Finanzausstattung behilflich zu sein.

Ihr

Inhaltsverzeichnis

Finanzielle Allgemeinbildung stärken

Die deutsche Gesellschaft erlebt zurzeit einen tief greifenden Wandel. Durch demographische Veränderungen, die anhaltende Konjunkturkrise und Arbeitslosigkeit sind unsere staatlichen Sozialsysteme großen Belastungen ausgesetzt. So können die meisten ihren Lebensstandard im Alter nur dann halten, wenn sie gezielt und kontinuierlich zusätzlich privat vorsorgen. Dazu ist finanzielle Allgemeinbildung notwendig, die aktuell nicht ausreichend vorhanden ist.

Kompass Geldanlage – eine echte Alternative

Zur Verbesserung der finanziellen Allgemeinbildung sollte ein Bildungsangebot in den klassischen Bildungseinrichtungen wie Schulen, Hochschulen und Volkshochschulen etabliert werden. Ein weiterer Weg, vielen Menschen finanzielles Grundwissen zu vermitteln, ist ein Ratgeber in Buchform.

Wie die Studie des Commerzbank Ideenlabors zur finanziellen Allgemeinbildung zeigt, mangelt es grundsätzlich nicht an Informationen: Nur 28 Prozent der Befragten sind der Meinung, es gebe zu wenig Informationen zum Thema private Finanzen. Fast ebenso viele - genau 26 Prozent - meinen dagegen, es gäbe schon zu viele Informationen. Der Blick in den Buchhandel bestätigt die Fülle des Informationsangebotes.

Bisher setzt die verfügbare Ratgeberliteratur zum Thema Geldanlage allerdings auf ein stark an den Finanzprodukten orientiertes Informationsangebot. Die Vermittlung grundlegender Kenntnisse im Sinne einer finanziellen Allgemeinbildung wird - wenn überhaupt - nur punktuell angeboten.

Genau auf diese Lücke zielt der vorliegende Ratgeber ab: Er ist eine echte Alternative, ein Gewinn bringendes Angebot an die Leser zur Vermittlung grundlegender Kenntnisse beim Thema Geldanlage. Er ist quasi der Grundkurs dafür, auch andere Bücher zum Thema (besser) zu verstehen, denn er orientiert sich am Menschen und seinen Lebenssituationen.

Das Commerzbank Ideenlabor

Die Commerzbank sieht es als ihre gesellschaftliche Verantwortung an, dem Einzelnen ein besseres Verständnis seiner persönlichen Finanzen zu ermöglichen. Deswegen hat die Commerzbank das »Ideenlabor« ins Leben gerufen, für das sich renommierte unabhängige Experten aus Wissenschaft und Wirtschaft engagieren:

Die Experten des Ideenlabors

- Dr. Christine Bortenlänger, Geschäftsführerin der Börse München,
- Privatdozent Dr. Volker Brettschneider, Institut für Ökonomische Bildung, Universität Oldenburg,
- Dominique Döttling, mittelständische Unternehmerin, Vizepräsidentin des Weltverbands der Wirtschaftsjunioren,
- Professor Dr. Hariolf Grupp, Leiter des Instituts für Wirtschaftspolitik und Wirtschaftsforschung der Universität Karlsruhe (TH) und stellv. Leiter des Fraunhofer-Instituts für System- und Innovationsforschung, Karlsruhe,
- Professor Dr. Dr. h.c. Stefan Hradil, Institut für Soziologie der Universität Mainz.

Mehr über die Aktivitäten des Commerzbank Ideenlabor unter: www.commerzbanking.de/ideenlabor

Große Lücken im Finanzwissen

Studie zur finanziellen Allgemeinbildung

Zur Bestandsaufnahme und als erstes Projekt des Ideenlabors wurde zunächst durch NFO Infratest die Studie »Finanzielle Allgemeinbildung in Deutschland« durchgeführt. Darin befragten die Meinungsforscher über 1000 Bundesbürger im Alter zwischen 18 und 65 Jahren. Die Teilnehmer beantworteten 35 Fragen zu den Themenbereichen Privatvorsorge, Zahlungsverkehr, Geldanlage, Einkommen. Damit lagen im Juni 2003 erstmals repräsentative Ergebnisse zur finanziellen Allgemeinbildung in Deutschland vor.

Bildungsnotstand in Finanzfragen

Das Ergebnis der Studie ist deutlich und erschreckend: Sie deckt einen Bildungsnotstand in Finanzfragen auf. Obwohl 80 Prozent der Befragten sich in Finanzfragen zumindest »einigermaßen sicher« fühlten, konnten 42 Prozent nicht einmal die Hälfte aller Fragen beantworten. Nur etwa fünf Prozent der Teilnehmer verfügen über ein gutes oder sehr gutes Wissen in finanziellen Fragen. Die Untersuchung zeigte also auch, dass die schlechte finanzielle Allgemeinbildung hier zu Lande stark von der Selbsteinschätzung abweicht.
Die Lücken sind aber nicht nur im Alltagswissen groß, sondern auch bei grundlegenden Fragen zum Thema Geld- und Finanzwirt-

schaft. Dazu einige Beispiele: Zwar wissen 90 Prozent der Deutschen, dass der Bundesfinanzminister Hans Eichel heißt, aber nicht einmal jeder Zweite kennt die ungefähre aktuelle Inflationsrate oder weiß, dass die Europäische Zentralbank in Frankfurt arbeitet. Fast jeder zweite Deutsche kann den Unterschied zwischen einer Euroscheck- und einer Kreditkarte nicht erklären und kennt seine Rechte gegenüber der Schufa nicht.

Selbsttest

Hätten Sie es gewusst? Den Fragebogen der Studie zum Selbsttest finden Sie unter: www.commerzbanking.de/Ideenlabor

Ursachenforschung: Studie »Psychologie des Geldes«

Was sind die Ursachen für die Wissensdefizite im Bereich »Geld und Finanzen«? Das war das Thema der Studie »Psychologie des Geldes«, die für das Commerzbank Ideenlabor von dem Forschungsinstitut Sinus Sociovision durchgeführt wurde. Basis der Methodik waren 50 zweistündige psychologische Tiefeninterviews mit Männern und Frauen unterschiedlichen Alters aus allen sozialen Schichten. Hier in Schlagworten die Ergebnisse, präsentiert im März 2004:

Ergebnisse

- Geld ist ein Tabuthema,
- Finanzwissen hat ein schlechtes Image,
- Beschäftigung mit dem Thema Geld bringt zu wenig,
- viele sind bei den persönlichen Finanzen unmündig,
- Komplexität erzeugt Unsicherheit,
- Abstraktheit schreckt ab.

Anhand der Motive und Ursachen der Wissensdefizite fanden die Forscher von Sinus Sociovision acht »Geldtypen« heraus, die sich in ihrem Finanzwissen und ihrer Einstellung zum Thema Geld unterscheiden. So zum Beispiel die »Pragmatiker«, die »Vorsichtigen«, die »Ambitionierten«, die »Souveränen«. Eine Folgestudie im Sommer 2004 überprüfte schließlich, welche Geldtypen wie häufig in der Bevölkerung vorkommen. Das Ergebnis: Nur die »Ambitionierten« und die »Souveränen« – zusammen nicht einmal jeder fünfte der Bevölkerung – gehen durchweg mit Interesse, Spaß und Sachkenntnis an ihre privaten Finanzen heran und nutzen selbstständig ihre Chancen. Mehr zu den Geldtypen im Kapitel »Welcher Geldtyp sind Sie?«.

Nur eine Minderheit beschäftigt sich gerne mit den privaten Finanzen.

Kanon der finanziellen Allgemeinbildung

Aber was sollten die Menschen wissen, damit sie bei finanziellen Fragen als mündig gelten? Das Ideenlabor schuf mit dem »Kanon der finanziellen Allgemeinbildung« eine klare inhaltliche Ausgangsbasis. Der Kanon wurde im Juni 2004 in Berlin der Öffentlichkeit vorgestellt. Das knapp 50-seitige Schriftstück ist in fünf zentrale Themenbereiche gegliedert:

- Geld verstehen,
- Geld-Management,
- Umgang mit Lebensrisiken,
- Vermögensaufbau und Altersvorsorge,
- Geld leihen.

29 Leitfragen

Der Kanon definiert 29 Leitfragen, die Experten aus den Bereichen ökonomische Bildung, Haushaltsökonomie und Finanzwirtschaft unter Federführung des Forschungsinstitutes Evers & Jung erarbeitet haben. Wer diese Fragen für sich beantworten kann, sollte mit seinen persönlichen Finanzen eigenverantwortlich und souverän umgehen können.

Leitfragen aus dem Kanon der finanziellen Allgemeinbildung

Der Kompass Geldanlage soll Ihnen helfen, zumindest einen Teil der Leitfragen zu beantworten. Die jeweiligen Leitfragen aus dem Kanon sind den einzelnen Kapitel vorangestellt.

Der Kanon des Commerzbank Ideenlabors wurde auf einem Symposium im Herbst 2004 mit Vertretern aus Politik, Wirtschaft, Bildung und Medien diskutiert. Hier wurde von allen Seiten betont, dass angesichts des Umbaus der Sozialsysteme und der wachsenden Notwendigkeit zur Eigenvorsorge die finanzielle Kompetenz jedes Einzelnen immer größere Bedeutung erlangt. Der Kanon ist als Datei auf www.commerzbanking.de/ideenlabor erhältlich.

Die Autorinnen

Die Ergebnisse des Ideenlabors zeigen es: Das Thema Geld und Finanzen weckt bei vielen zumindest ein Unbehagen. Ein eher negatives Gefühl. Drehen wir den Spieß doch herum. Schließlich ist die Beschäftigung mit Geld eine normale alltägliche Pflicht, die Mündigkeit, Selbstbestimmtheit und Sicherheit bringen kann. Diese Chance des kompetenten Umgangs mit Finanzen sollte sich niemand entgehen lassen. Doch der erste Schritt in Richtung Finanzkompetenz liegt bei Ihnen.

Finanzwissen macht Sie mündig, selbstbestimmt und sicher.

Wir, die Autorinnen, die Geschäftsführerin einer Börse und eine Finanzjournalistin, die sich dem Verbraucherjournalismus verschrieben hat, möchten Sie dazu ermuntern und motivieren. In diesem Ratgeber steht das, was Sie wirklich wissen sollten, um frei und selbstbestimmt Ihre Finanzen in den Griff zu bekommen. Denn es kommt auf das Wesentliche, auf grundlegende Mechanismen an, man muss nicht jedes Detail kennen. Und ausgestattet mit einem soliden Grundwissen macht das Management der eigenen Finanzen Spaß, bringt monetären Erfolg und ein entspannteres Leben.

Das wünschen Ihnen

Christine Bortenlänger
Sabine Theadora Ruh

■ Es ist klar, dass eine sinnvolle Finanzstrategie nur auf der Basis einer genauen Bestandsaufnahme entwickelt werden kann. Deshalb: Machen Sie den ersten Schritt. Ein Überblick über Ihre Ein- und Ausgaben zeigt Ihnen, was Sie für Ihre selbst gesteckten finanziellen Ziele noch tun müssen.

Machen Sie einen Kassensturz!

Leitfragen aus dem Kanon der finanziellen Allgemeinbildung

Wie ermittle ich, wo ich stehe (Status quo)?
Verstehe ich meine finanzielle Situation?
Sind meine Einnahmen und Ausgaben auf lange Sicht im Gleichgewicht?

Finanzielle Bauchentscheidungen

Eines ist typisch und weit verbreitet: Das Potpourri der Geldanlagen aus Wertpapieren, Immobilien und Sparbriefen ist meist das Ergebnis einer eher zufälligen Mischung über viele Jahre hinweg. Mangels Überblick und wegen fehlender Analyse werden finanzielle Entscheidungen häufig ad hoc und aus dem Bauch heraus getroffen. Das Ergebnis ergibt daher nur selten ein stimmiges Gesamtbild. Deshalb ist zunächst eine Datenaufnahme nötig. Hierzu gehören die Bestände auf dem Girokonto genauso wie die Beträge auf dem Fondskonto. Hinzuziehen sollten Sie auch – trotz der berechtigten Kritik an der geringen Aussagekraft – die letzte Renteninformation, beispielsweise der Bundesanstalt für Angestellte oder die Mitteilungen von Versorgungswerken, außerdem die aktuellen Rückkaufswerte von Lebensversicherungen und andere vorhandene Vermögensanlagen mit ihren derzeitigen Werten. Sie sollten tabellarisch erfasst und den aktuellen Verbindlichkeiten, zum Beispiel aus einer Baufinanzierung oder aus Ratenkrediten, gegenübergestellt werden.

Tabellarische Bestandsaufnahme

Tragen Sie in den oberen Teil der Tabelle Ihre Vermögenswerte ein, Ihre Verbindlichkeiten gehören dann in den unteren Teil. Daraus erstellen Sie schnell mit Hilfe eines Taschenrechners Ihr so genanntes Nettovermögen.

Muster einer Bestandsaufnahme

Checkliste Vermögensbilanz: Wo steht Familie Bayer aktuell?	
Guthaben	
Girokonto	500 Euro
Fest- und Tagesgeldkonten	5 000 Euro
Sparbuch	10 000 Euro
Bundesschatzbriefe	4 500 Euro
Aktien	1 000 Euro
Geldmarktfonds	10 000 Euro
Aktienfonds	2 000 Euro
Rentenfonds	3 000 Euro
offene Immobilienfonds	5 000 Euro
Kapitallebensversicherungen (Rückkaufwerte)	15 000 Euro
Immobilienvermögen (selbst genutzt/vermietet/geschätzter Marktwert)	200 000 Euro
Summe Vermögen	256 000 Euro
Ihre Verbindlichkeiten	
Dispokredit	5 000 Euro
Immobilienkredit	150 000 Euro
Darlehen von Privatpersonen	20 000 Euro
Summe Verbindlichkeiten	175 000 Euro
Nettovermögen	**81 000 Euro**

Veränderung der Lebenssituation

Eine solche Checkliste kann – weil Sie sich ja schon die Mühe gemacht haben – über die Jahre fortgeschrieben werden. So erkennen Sie die Entwicklung der einzelnen Vermögenswerte und ob Ihre Bemühungen Früchte tragen. Sie sollten sich regelmäßig – und vor allem dann, wenn Veränderungen der Lebenssituation wie Heirat, Geburt eines Kindes oder Arbeitslosigkeit anstehen – einen solchen Überblick verschaffen. Immer wieder aktualisiert, weist die Checkliste stets die Höhe Ihres Vermögens aus.

Checkliste Vermögensbilanz: Wo stehen Sie finanziell im Jahre 2005?	
Guthaben	
Girokonto	
Fest- und Tagesgeldkonten	
Sparbuch	
Sparbrief	
Bundesschatzbriefe	
Anleihen, Renten	
Aktien	
Geldmarktfonds	
Aktienfonds	
Rentenfonds	
offene Immobilienfonds	
Kapitallebensversicherungen (Rückkaufwerte)	
Bausparverträge	
Immobilienvermögen (geschätzter Marktwert)	
Sonstige Vermögen	
Summe Vermögen	
Ihre Verbindlichkeiten	
Dispokredit	
Ratenkredit	
BaföG-Darlehen	
Immobilienkredit	
Darlehen von Privatpersonen	
Arbeitgeberdarlehen	
Sonstige Verbindlichkeiten	
Summe Verbindlichkeiten	
Nettovermögen (Vermögen minus Verbindlichkeiten)	

Errechnen Sie Ihr Nettovermögen durch Ausfüllen der Checkliste.

Ergänzen Sie die Checkliste regelmäßig um Ihre neuen bzw. aktualisierten Geldanlagen.

Bitte beachten: Schwierig ist die richtige Bewertung von Sachwerten wie Schmuck, Kunstgegenständen und Teppichen. Diese sind nicht unbedingt zum gewünschten Preis verkäuflich und kaum mit einer konkreten Summe zu bewerten. Am besten beziehen Sie solche Werte nicht in Ihre Planung ein. Erbschaften sind sicher nur sehr vorsichtig in einer Vermögensaufstellung unterzubringen. Hier dürfte es viele Fragezeichen bei der Höhe der Summe und dem Zeitpunkt geben. Einfacher dürften für die Begünstigten Schenkungen einzuplanen sein.

Rückkaufwerte

Bei Kapitallebensversicherungen und privaten Rentenversicherungen sollten Sie nicht die garantierten oder hochgerechneten Versicherungssummen eintragen, sondern die aktuellen Rückkaufwerte. Denn dies sind die Beträge, die Sie im Krisenfall von der jeweiligen Versicherungsgesellschaft zurückbekommen. Bei einer Immobilie – egal ob Eigentumswohnung, Grundstück oder Haus – sollte man prüfen, beispielsweise Makler fragen, wie viel sie inzwischen wert ist.

Wechselwirkungen

Bedenken Sie auch die Wechselwirkungen zwischen Ausgaben, Einnahmen und Vermögen: Denn jede Finanzentscheidung wirkt auf das gesamte Vermögen. Ob man monatlich eine kleinere Summe wie 100 Euro für eine Versicherung, einen Sparplan oder eine Kredittilgung einsetzt, hat sehr unterschiedliche Folgen.
Wenn es zu einem Schadensfall kommt, gleicht beispielsweise eine Haftpflichtversicherung einen Vermögensverlust ganz oder teilweise aus. Schon auf das heutige Vermögen wirken die 100 Euro hingegen, wenn man sie für Kredite oder Geldanlagen verwendet.
Beispiele: Die Rückzahlung eines Darlehens erhöht die Ausgaben. Gleichzeitig nimmt das Vermögen zu. Der Verkauf einer Immobilie führt zu einer außerordentlichen Einnahme. Dabei können aber auch regelmäßige Mieteinnahmen und Abschreibungsmöglichkeiten wegfallen.

Definieren Sie Ihre Ziele

Die Basis für erfolgreiches Management Ihrer Finanzen haben Sie mit der Aufstellung des Status quo gelegt. Jetzt heißt es, Ziele zu überprüfen oder erstmals zu definieren. Denn viele Vermögensentscheidungen hängen davon ab, welche Ziele man verfolgt. Sind Sie sich darüber im Unklaren, sollten Sie noch keine weit reichenden Entscheidungen treffen. Einen ersten unverzichtbaren Schritt können Sie auch tun, ohne sich über Ihre langfristige Zukunft im Klaren zu sein: Nutzen Sie konsequent kurzfristige Anlageformen wie Tagesgeld, Geldmarktfonds oder Sparbuch für alle Beträge, die Sie nicht in den nächsten Tagen benötigen. Damit machen Sie nichts falsch und verschenken keine Zinsen, solange Sie noch an Ihrer Langfrist-Strategie feilen oder sich nicht festlegen können.

Existenzsicherung

Ein Ziel sollte die Existenzsicherung sein. Denn Schicksalsschläge wie schwere Unfälle, Arbeitslosigkeit oder gar Tod treffen aus heiterem Himmel ein. Man kann ihnen nicht ausweichen. Aber man kann vorsorgen, damit aus der privaten Krise nicht auch noch ein finanzieller Schiffbruch wird. Denn im Notfall muss von der Substanz gelebt werden. Deswegen müssen Sie sich gegen Existenzrisiken absichern: Jeder Berufstätige, der für seinen Lebensunterhalt notwendigerweise arbeiten muss, braucht eine private Berufsunfähigkeitsversicherung. Wer keine Berufsunfähigkeitsversicherung abschließen kann, sollte wenigstens eine Unfallversicherung unterschreiben. Jeder braucht dagegen eine Privathaftpflichtversicherung. Und zur finanziellen Absicherung der Familie im Todesfall des Hauptverdieners ist eine Risikolebensversicherung dringend nötig. Der frühe Tod des Ernährers kann die Familie ansonsten zum Sozialfall machen.

Altersvorsorge

Eigene Anstrengungen zur Altersvorsorge sind längst unverzichtbar geworden und müssen im Mittelpunkt der Auseinandersetzung mit den privaten Finanzen stehen. Deswegen sollte ein weiteres Ziel der Vermögensaufbau und die eigene Altersvorsorge sein. Ein solides Vermögen ist das sichere Fundament für Ihre Altersvorsorge.

Wer braucht was – Finanzplan für verschiedene Lebensphasen

In Stichworten ist hier gelistet, was man in welcher Lebensphase zur Existenzabsicherung und zur Alterssicherung haben oder tun sollte

Junge Singles:

- ☑ Berufsunfähigkeitsversicherung
- ☑ Privathaftpflichtversicherung
- ☑ Notreserve von 2 bis 3 Monatsnettogehältern
- ☑ Aufbau von Eigenkapital durch Sparen

Ehe oder eheähnliche Gemeinschaften:

- ☑ Berufsunfähigkeitsversicherung, evtl. von beiden Partnern
- ☑ Privathaftpflichtversicherung
- ☑ Unfallversicherung für Hausfrau/-mann
- ☑ Notreserve von 2 bis 3 Monatsnettogehältern
- ☑ Aufbau von Eigenkapital durch Sparen
- ☑ evtl. Kapitallebensversicherung

Familie mit kleinen Kindern:

- ☑ Berufsunfähigkeitsversicherung des Hauptverdieners
- ☑ Privathaftpflichtversicherung
- ☑ Risikolebensversicherung des Hauptverdieners
- ☑ Notreserve von 2 bis 3 Monatsnettogehältern
- ☑ Aufbau von Eigenkapital durch Sparen
- ☑ Kinderunfallversicherung
- ☑ Unfallversicherung für Hausfrau/-mann
- ☑ evtl. Erwerb einer eigengenutzten Immobilie

Alleinerziehende:

- ☑ Berufsunfähigkeitsversicherung
- ☑ oder Unfallversicherung für Hausfrau/-mann
- ☑ Privathaftpflichtversicherung
- ☑ Risikolebensversicherung
- ☑ Kinderunfallversicherung
- ☑ Notreserve von 2 bis 3 Monatsnettogehältern
- ☑ evtl. Kapitallebensversicherung

Familie mit großen Kindern:

- ☑ Berufsunfähigkeitsversicherung
- ☑ Privathaftpflichtversicherung
- ☑ Risikolebensversicherung
- ☑ Notreserve von 2 bis 3 Monatsnettogehältern
- ☑ Kinderunfallversicherung
- ☑ Unfallversicherung für Hausfrau/-mann
- ☑ Sparen auf Sondertilgungstermine der eigengenutzten Immobilie

Kinder aus dem Haus:

- ☑ Privathaftpflichtversicherung
- ☑ Notreserve von 2 bis 3 Monatsnettogehältern
- ☑ Sparen auf Sondertilgungstermine der eigengenutzten Immobilie

Alleinstehende:

- ☑ Privathaftpflichtversicherung
- ☑ Notreserve von 2 bis 3 Monatsnettogehältern
- ☑ Private Rentenversicherung

Im Alter:

- ☑ Privathaftpflichtversicherung
- ☑ Notreserve von 2 bis 3 Monatsnettogehältern

Haushalts-Finanzcheck

Wo bleibt nur mein ganzes Geld? Eine Frage, die sich die meisten Monat für Monat neu stellen. Eben noch kam die Gehaltsüberweisung, gingen die üblichen Zahlungen vom Konto ab und schon nähert man sich bedrohlich schnell der Null, so dass man schon froh sein muss, nicht ins Minus zu geraten. Ein typisches Zeichen dafür, dass das eigene Geldmanagement wenig geplant vonstatten geht. Und das ist auch kein Wunder, denn es wird den Verbrauchern gehörig schwer gemacht, den Überblick bei den Ausgaben zu behalten. Durch den Einkauf, das Geldausgeben per EC-, Kredit- oder Kundenkarten ist man nur selten über den tatsächlichen aktuellen Kontostand unterrichtet. Doch je enger der monatliche finanzielle Spielraum ist, desto wichtiger ist die Kontrolle von Einnahmen und Ausgaben. Deswegen ist der Haushalts-Finanzcheck ein wichtiger Teil des Geldmanagements – damit Sie wissen, warum die Zahlen am Ende des Monats rot leuchten, wohin Ihr gutes Geld fließt und wobei es Ihnen besonders schnell durch die Finger rinnt.

Geldmanagement

Eine Haushaltsbilanz kann zudem als Grundlage für alle weiteren finanziellen Entscheidungen dienen. Ein Privathaushalt ist zwar kein Unternehmen, aber auch ein Haushalt erzielt Einnahmen und Ausgaben, die man zu einer Einkommensrechnung zusammenstellen kann. Einnahmen und Ausgaben müssen in einem angemessenen Verhältnis zueinander stehen. Hier gilt für Privathaushalte nichts anderes als für Unternehmen: Entweder stehen sie im Plus oder im Minus. Wer mehr ausgibt, als er einnimmt, lebt von der Substanz oder der Zukunft. Wer mehr einnimmt, als er ausgibt, kann Vermögen aufbauen oder sich zusätzliche Ausgaben leisten.

Haushaltsbilanz als Entscheidungsgrundlage

Legen Sie dabei die Fakten auf den Tisch. Denn ein unangenehmes Thema ist für die meisten das eigene Konsumverhalten. Viele merken erst durch die permanente Ausschöpfung des Dispo-Rahmens beim Girokonto, dass sie mehr ausgeben, als sie unmittelbar einnehmen. Solche Ungleichgewichte sind, so lange sie ausgeglichen werden können, nicht problematisch. Hält der »Soll«-Zustand aber länger an, wird es schwierig. Notwendig ist deswegen eine nüchterne, ungeschönte Auseinandersetzung mit den eigenen finanziellen Möglichkeiten. Um zu erfahren, wo man steht, wo die Ursachen für mögliche Haushaltsungleichgewichte liegen und um gegebenenfalls gegensteuern zu können, ist eine zumindest ansatzweise Analyse der Einnahmen und Ausgaben unerlässlich.

Konsumverhalten

Haushalt im Gleichgewicht?

Haushaltsbuch

Ob sich ein Haushalt im finanziellen Gleichgewicht befindet, verraten beispielsweise die Daten eines Haushaltsbuches. Dazu müssen Sie eine Zeit lang Ihr Geld-Management protokollieren. Wichtig dabei: Erfassen Sie nicht zu detailliert, es geht nur um einen ungefähren Überblick und es soll ja nicht in Arbeit ausarten! Wer den Spaß an der Kontrolle der eigenen Finanzen entdeckt und es genauer haben möchte, kann zum Computer greifen: Einfache oder komplexere Excel-Tabellen geben detaillierten Einblick, und mit spezieller Software sind sogar Auswertungen auf Knopfdruck möglich. Mit einem Haushaltsfinanzplan unternehmen Sie den ersten Schritt zu Überblick und Ordnung in den häuslichen Finanzen. In Ihren Haushaltsfinanzplan tragen Sie Monat für Monat alles ein, die Ein- und Ausgaben, den Wocheneinkauf, die Überweisungen an die Versicherungen, die Miete und die Wohnnebenkosten genauso wie Anschaffungen und Ratenzahlungen. Sie sollten es sich zur Gewohnheit machen, mindestens zwei bis drei Mal im Monat die Zahlungsbelege der letzten Tage zur Hand zu nehmen und die Beträge in die jeweiligen Tabellen einzutragen. Nach einigen wenigen Monaten zeichnen sich die Tendenzen ab: Nun sehen Sie, wie Sie Ihr Geld verbrauchen. Dabei dürften einige Überraschungen auf Sie zukommen. Tatsächlich so viel für das Auto? Ist das erhebliche Budget für Kleidung nötig? Ist Freizeit so teuer? Kommt wirklich so viel für Versicherungen zusammen?

Übersicht über alle Einnahmen und Ausgaben pro Monat

Muster

Haushaltsfinanzplan der Familie Bayer – 2 Erwachsene, 2 schulpflichtige Kinder

Monatliches Nettoeinkommen	2 500 Euro
Kindergeld	308 Euro
Gesamteinkommen	**2 808 Euro**
Aktuelle Ausgaben	
Lebenshaltungskosten: Ernährung und Wohnen	1 350 Euro
Freizeit, Reisen	520 Euro
Bekleidung, Hobby, Bildung	280 Euro
Verkehr, Anschaffungen	200 Euro
Zahlungsverpflichtungen und Verbindlichkeiten wie Ratenkredite, Geldanlagen und Versicherungen	100 Euro
Gesamtausgaben	**2 450 Euro**

Ihr persönlicher Haushaltsfinanzplan	
Aktuelle Einnahmen	
Monatliches Nettoeinkommen	
Kindergeld	
Unterhalt	
Mieteinnahmen	
Regelmäßige andere Einkommen	
Gesamteinkommen:	
Aktuelle Ausgaben	
Lebenshaltungskosten: Ernährung und Wohnen	
Freizeit, Reisen	
Bekleidung, Hobby, Bildung	
Verkehr, Anschaffungen	
Schuldzinsen/Tilgung für Baudarlehen	
Weitere Zahlungsverpflichtungen und Verbindlichkeiten wie Ratenkredite, Geldanlagen und Versicherungen	
Gesamtausgaben:	

Durch Ausfüllen der Felder erhalten Sie einen Überblick.

Wirtschaften Sie profitabel?

Kontotrendanalyse

Wem das Führen eines Haushaltsbuchs zu aufwändig ist, der kann stattdessen eine Kontotrendanalyse durchführen. Damit verschaffen Sie sich schnell einen Überblick, wie sich Ihr Konto über ein Jahr hinweg entwickelt. Dazu benötigen Sie Ihre Kontoauszüge der vergangenen zwölf Monate. Notieren Sie sich nun einfach die Kontostände an einem bestimmten gleich bleibenden Stichtag. Vorschlag: kurz bevor Ihr Gehalt auf Ihr Konto überwiesen wird. Die Liste der Kontostände, in Haben und Soll, gibt Ihnen einen Einblick über Ihre Haushaltsfinanzen. Wenn Sie im Betrachtungszeitraum Darlehen aufgenommen haben oder ungewöhnliche Eingänge wie eine kleine Erbschaft, eine besondere Tantieme oder Abfindung aufgetreten sind, können diese die Analyse verfälschen und müssen gegebenenfalls herausgerechnet werden. Schwankt der Kontostand nur schwach oder wird der Dispokredit nicht oder nur kurzfristig in Anspruch genommen, ist alles in Ordnung. Weist der Kontotrend nach unten, besteht Handlungsbedarf. Das gilt ebenso für die andere Richtung. In diesen Fällen sollte eine genauere Untersuchung der Einnahmen und Ausgaben erfolgen. Beim Aufwärtstrend ist ein regelmäßiges Umschichten der »Überliquidität« auf ein verzinstes Konto ratsam.

Haushalt in Ordnung

■ Szenario 1

Der Kontostand pendelt zwischen Null und der Höhe des monatlichen Nettoeinkommens, nur selten rutscht er mal ins Minus. Fazit: Hier stimmt der Haushalt.

Überliquidität

■ Szenario 2

Sie nehmen mehr ein, als Sie ausgeben. Das erkennen Sie am zwar schwankenden, aber im Prinzip ansteigenden Kontostand. Sie können sich zwar glücklich schätzen, aber Sie verschenken Geld. Denn man sollte nur das Notwendigste auf dem üblicherweise nicht verzinsten Girokonto lassen. Überweisen Sie deswegen regelmäßig auf ein Tagesgeldkonto. Zwar gibt es dort nur geringe Zinsen, doch auch »Kleinvieh macht Mist«.

Knietief im Dispo

■ Szenario 3

Sie nutzen Ihren Dispokredit permanent, Sie stecken eigentlich ganz tief drin im Dispo. Das kann auf Dauer nicht gut gehen. Denken Sie über Einsparmöglichkeiten nach und schulden Sie in einen Ratenkredit um. Der kostet weitaus weniger Zinsen und zwingt dazu, aus der Verschuldung in Richtung Nulllinie und ausgeglichenes Konto zu kommen.

■ Sparpotenziale erkennen

Es gibt sie nicht, die ganz großen Einsparpotenziale, zumindest nicht, ohne dass es weh tut. Sondern es gibt viele kleine Sparposten. Dabei ist es eigentlich ganz einfach: Wo das meiste Geld ausgegeben wird, ist auch das größte Potenzial zum Reduzieren. Und die größten Posten sind meist: Essen und Trinken, Kleidung, Auto und Versicherungen. Während man bei den ersten beiden Kostenblöcken im Alltag Verzicht üben muss, sind bei dem fahrbaren Untersatz und dem Versicherungsschutz strategische Überlegungen notwendig. Am meisten spart man beim PKW, wenn man ihn nicht per Raten zahlt und die gefahrenen Kilometer reduziert. Vielleicht ist es auch nötig, auf den Zweitwagen oder gar Erstwagen zu verzichten. Verzicht fällt bei Versicherungen leichter, weil man keine Einschränkungen spürt und weil ihr Schutz zumeist überdimensioniert ist. Durch Preisvergleiche und die Kündigung überflüssiger Policen lässt sich einiges sparen. Denn die eigentliche Aufgabe von richtigen und angemessenen Versicherungen ist, gegen nicht vorhersehbare und große Schadensereignisse finanziellen Schutz zu geben. Damit wird klar, dass beispielsweise eine Glasversicherung meist unnötig ist, weil die Reparatur einer kaputten Glasscheibe eine Haushaltskasse üblicherweise nicht überfordert.

Versicherungen

Blick in die Zukunft

Zu guter Letzt sollten Sie noch einen Blick in die Zukunft werfen. Genauer auf die Zeit nach der Erwerbsphase. Damit Sie Ihren heutigen Stand für Ihre Einkünfte von morgen kennen. Und eventuell noch daran arbeiten können. Was wird sein, wenn ich 66 bin? Eine Frage, die niemand beantworten kann. Aber Sie können schon vorher errechnen, wie und ob sich Ihre Träume im dritten Lebensabschnitt verwirklichen lassen. Ob Weltreise oder Rosenzucht – der Mensch hat feste Ausgaben und dafür benötigt er Liquides.

Nach den Jahren der Berufstätigkeit ist man es gewohnt, mit einer bestimmten Summe, dem Nettogehalt, zu hantieren. Früher ging man dabei von einem niedrigeren Finanzbedarf nach der Erwerbstätigkeit von bis zu 30 Prozent aus. Einige Ausgaben reduzieren sich tatsächlich: Die Kinder verdienen schon selbst, das Haus ist abgezahlt. Wer nicht mehr jeden Tag ins Büro muss, spart auch an der Kleidung. Vielleicht genügt nun ein kleineres Auto. Trotzdem scheint die 30-Prozent-Faustregel nicht mehr angemessen. Das weiter absinkende Rentenniveau und auch die steigende Lebenserwartung der Bevölkerung sowie ein verändertes Freizeit- und Konsumverhalten lassen den Geldbedarf der zukünftigen Seniorenhaushalte deutlich steigen. Das fand das Deutsche Institut für Altersvorsorge (DIA) heraus. 1998 – so der empirische Befund – benötigte der durchschnittliche Rentnerhaushalt knapp 58 Prozent des verfügbaren Einkommens von 55- bis 65-jährigen Arbeiter- und Angestelltenhaushalten, um ähnlich wie diese leben zu können. Künftig werden Sie einen höheren Prozentsatz benötigen. Insbesondere aufgrund steigender Mobilität in der frühen und steil steigenden Gesundheits- und Pflegekosten in der späteren Altersphase soll der Bedarf bis 2010 auf annähernd 63 und bis 2020 auf knapp 75 Prozent anwachsen. Gehen Sie also bei der Berechnung Ihrer zukünftigen Einkünfte von Ihrem heutigen Einkommen aus und berücksichtigen Sie in der

Der Finanzbedarf nach der Erwerbstätigkeit …

… wird in der Zukunft steigen.

folgenden Tabelle die verschiedenen Renten, die Sie hoffentlich bekommen werden.

Erstellen Sie eine Übersicht Ihrer Altersvorsorge.

Die zukünftigen Einkünfte

Aktuelles Erwerbseinkommen:

Zukünftige Einkommen:

1. Gesetzliche Rentenversicherung
Hier genügt ein Blick in die Renteninformation.
Zukünftige Altersrente:
Kalkulieren sollten Sie höchstens mit der Steigerungsrate von 1,5 Prozent

2. Rentenzahlungen aus der Riester-Rente

3. Rente aus der betrieblichen Altersvorsorge – auch hier wird dem Versicherten in der Regel jährlich mitgeteilt, welche Versorgungsansprüche er bislang erworben hat. Im Zweifelsfalle hilft ein Anruf beim Versicherungsträger weiter.

4. Weitere monatliche Einnahmen, beispielsweise aus Versorgungskasse o. Ä.

5. Private Vermögensanlagen wie Auszahlungen aus Investmentfondsfonds, Mieten, Ausschüttungen aus festverzinslichen Wertpapieren (heutiger Stand)

Die Summe der aufgeführten Rentenarten gibt Ihnen einen ungefähren Überblick, wo Sie heute bezüglich Ihrer Altersvorsorge stehen. Sie können eventuell noch den Turbo einschalten. Mehr dazu im Kapitel zur Altersvorsorge.

Zusammenfassung

Der erste Schritt hin zu einer umfassenden Finanzstrategie ist die Bestandsaufnahme der Ein- und Ausgaben. Denn nur so lassen sich Lücken und Übergewichte erkennen. Ein Haushalts-Finanzcheck, sei es in Form eines Haushaltsbuches oder als Kontotrendanalyse, verrät, wohin die monatlichen Geldströme fließen und offenbart potenzielle Einsparmöglichkeiten. Aber die vorgestellte Finanzplanung will noch mehr: Aufzeigen, wie man wichtige (finanzielle) Ziele im Leben ansteuert. Existenzsicherung, Vermögensaufbau und Altersvorsorge geben die solide Basis für Ihr Wohlergehen und das Ihrer Familie in allen Lebenssituationen.

Finanzielle Ziele

■ Kein Mensch ist wie der andere. Das gilt auch bei der Geldanlage. Der eine schwört auf Sicherheit und verzichtet dafür auf Rendite, der andere dagegen will hohe Erträge und geht dafür große Risiken ein. Demzufolge gibt es keine Anlageform, die für alle gleichermaßen geeignet ist. Man sollte zunächst prüfen, welcher Geldtyp man eigentlich ist, um dann anschließend das individuell Richtige auszuwählen.

Welcher Geldtyp sind Sie?

Leitfragen aus dem Kanon der finanziellen Allgemeinbildung

Wie wichtig ist mir mein finanzielles Wohlergehen heute und später? Wie intensiv will und kann ich mich um meinen Vermögensaufbau kümmern?

Eine Frage des Typs

Sicherheit versus Rendite

Bislang werden die Geldtypen zumeist in die drei bekannten Kategorien eingeteilt: konservativ, risikobewusst und spekulativ. Manchmal benutzt man andere Begriffe für dieselbe Einteilung, wie beispielsweise vorsichtig, abwägend und risikobereit oder sicher, ausgewogen und dynamisch.
Für den konservativen Anleger steht Sicherheit an erster Stelle. Er möchte auf keinen Fall riskieren, dass sein Kapital an Wert verliert. Dafür nimmt er eine geringere Rendite in Kauf. Der zweite Typ, der risikobewusste Anleger, kann damit leben, dass sein Kapital auch einmal im Wert schwankt. Er strebt eine Rendite an, die über den Sparbuchzinsen liegt, will aber nicht allzu viel riskieren. Der spekulative Typ will überdurchschnittliche Renditen aus seinen Anlagen ziehen. Dafür nimmt er Wertschwankungen oder gar den Ausfall der Rendite in Kauf.

Acht Geldtypen – wissenschaftlich ausgewertet

»Psychologie des Geldes«

Dieser Ratgeber geht einen neuen Weg: Wissenschaftlich fundiert werden Geldtypen hier in acht Kategorien eingeteilt. Grundlage sind die Ergebnisse der Studie »Psychologie des Geldes«, die das Forschungsinstitut Sinus Sociovision und Professor Dr. Stefan Hradil – Leiter des Soziologischen Instituts in Mainz – für das Commerzbank Ideenlabor durchgeführt haben. Auf der Basis einer sozialpsychologischen Analyse der Motive und Ursachen für Wissensdefizite bei der finanziellen Allgemeinbildung wurden acht Geldtypen identifiziert, die sich in ihrem Finanzwissen und in ihrem Umgang mit Geld unterscheiden.

Die Geldtypen

Souveräne

Hoher Sachverstand

haben eine positive Einstellung zum Geld und sind bestrebt, ihren hohen Lebensstandard und ihre finanzielle Unabhängigkeit zu wahren. Charakteristisch ist ihr hohes Maß an Eigenverantwortung und ihre Bereitschaft, kalkulierbare Risiken einzugehen. Sie verfügen über einen hohen Sachverstand in Geldangelegenheiten und sind in ihrem persönlichen Umfeld als Ratgeber gefragt. Ihre persönliche materielle Zukunft schätzen sie vergleichsweise optimistisch ein.

Ambitionierte

Autonomie und Eigenverantwortung

suchen das Gesprächsthema Geld im Bekanntenkreis. Geld zu haben gibt ihnen das Gefühl von Freiheit und Unabhängigkeit, es ist Voraussetzung für Lebensqualität. Ambitionierte haben Spaß an Finanzthemen, informieren sich regelmäßig über Börsenkurse und sehen es als reizvolle Herausforderung an, in Geldangelegenheiten fit zu sein. Charakteristisch ist ihr hohes Maß an Autonomie und Eigenverantwortung sowie ihre Bereitschaft, Risiken einzugehen. Ambitionierte sehen ihrer persönlichen Zukunft sehr optimistisch entgegen.

Vorsichtige

Gezielte Finanzplanung

setzen sich aktiv mit dem Thema Geld auseinander, weil sie überzeugt sind, dass es sich für sie auszahlt. Das kontinuierliche Bestreben, ihr Vermögen zu erhalten und zu vergrößern, gibt ihnen Sicherheit, auch im Hinblick auf das Alter. Bei der Vermögensplanung gehen sie sehr systematisch vor und sparen beispielsweise jeden Monat eine feste Summe, sie meiden Risiken, möchten aber nicht auf eine gute Rendite verzichten. Aufgrund ihrer gezielten Finanzplanung schauen Vorsichtige vergleichsweise optimistisch in die Zukunft.

Pragmatiker

Eigenständige Vorsorge

regeln ihre finanziellen Belange weitgehend selbst. Sie informieren sich vorrangig aus neutralen Quellen und im persönlichen Umfeld. Eigenständige Vorsorge ist ihnen wichtig, sie kritisieren aber, dass das Thema Geld in der Gesellschaft eine unangemessen große Rolle spielt. Pragmatiker haben positive Erwartungen an ihre persönliche Zukunft.

■ **Delegierer**
wissen zwar, dass sie für sich sorgen müssten, weil die staatlichen Sozialsysteme umgebaut werden. Sie sehen sich aber nicht im Stande, das Thema Geldanlage selbst zu betreiben. Sie fühlen sich durch die Informationsvielfalt überfordert und vertrauen daher auf die Kompetenz von Fachleuten, denen sie gerne die Verantwortung übertragen, sodass sie sich um nichts kümmern müssen. Auch Delegierer sehen ihre materielle Zukunft optimistisch.

Vertrauen in Fachleute

■ **Bescheidene**
sind empört darüber, dass die Leistungen des Sozialstaats immer mehr gekürzt werden und haben Angst, in Zukunft ihren Lebensstandard nicht mehr halten zu können. Geld ist für Bescheidene etwas sehr Privates, über das sie nur im engsten Familien- und Freundeskreis sprechen. Aus Furcht, von dem wenigen Geld, das sie haben, noch etwas zu verlieren, beschäftigen sie sich kaum mit möglichen Anlageformen. Ihre persönliche Zukunft beurteilen sie deutlich pessimistischer als der Durchschnitt der Bevölkerung.

Geld ist etwas sehr Privates

■ **Leichtfertige**
gehen oft spontan und eher unkontrolliert mit Geld um. Trotz begrenztem finanziellen Spielraum neigen die Leichtfertigen zum spontanen Konsum, ohne darüber nachzudenken, ob sie sich die Ausgaben auch leisten können. Leichtfertige haben keine Lust, sich über Geldanlagen zu informieren und schätzen ihr Finanzwissen entsprechend gering ein. Anstatt sich mit der finanziellen Absicherung im Alter zu beschäftigen, verdrängen sie das Thema Vorsorge, weil es ihnen schlechte Laune macht. Ihrer persönlichen Zukunft sehen sie trotzdem überwiegend mit Zuversicht entgegen.

Verdrängung des Themas Vorsorge

■ **Überforderte**
haben aufgrund ihrer angespannten Situation Angst vor dem sozialen Abstieg und fürchten, Opfer finanzieller Ungerechtigkeiten zu werden. Sie würden gerne etwas zur Vorsorge tun, fühlen sich aber ohnmächtig angesichts ihrer Ressourcen und der Komplexität des Themas. Sie treffen lieber keine Entscheidung, aus Furcht, sie könnte falsch sein. Überforderte machen sich ein deutlich negatives Bild von ihrer eigenen Zukunft.

Keine Entscheidung

Millionen Deutsche scheuen das Thema Geld – die Verteilung der Geldtypen in der Bevölkerung

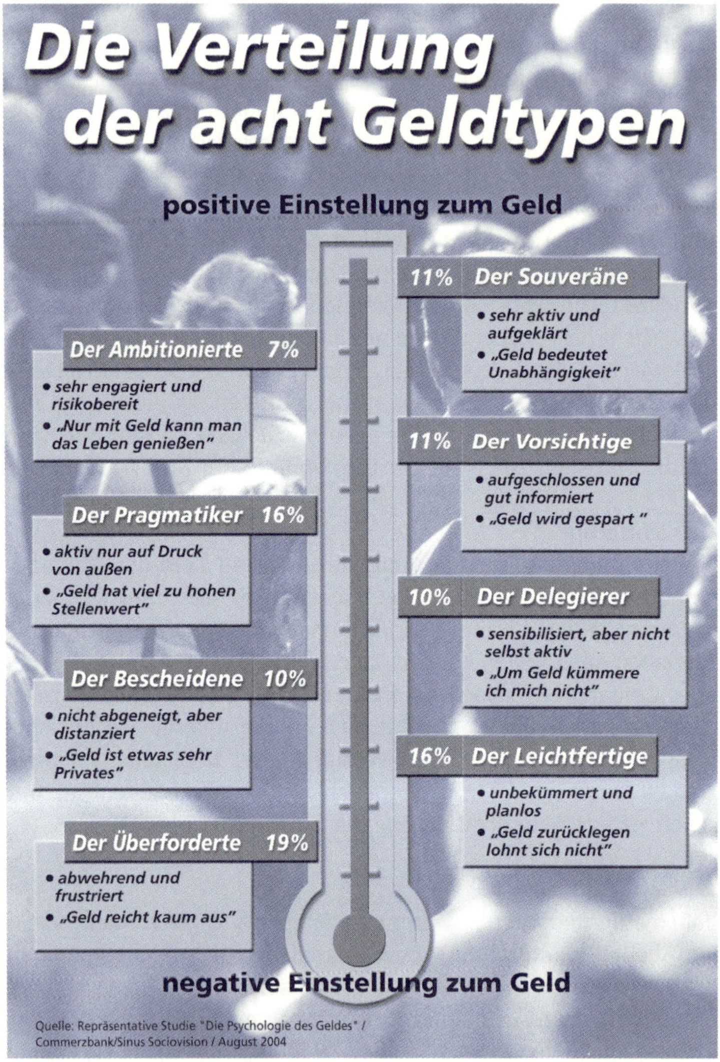

45 Prozent meiden das Thema (Bescheidene, Leichtfertige, Überforderte), 55 Prozent setzen sich mit dem Thema auseinander (Souveräne, Ambitionierte, Vorsichtige, Pragmatiker, Delegierer).

Im Juli 2004 wurden die beschriebenen Geldtypen in einer repräsentativen Befragung bei 1000 Privatpersonen durch das Forschungsinstitut Sinus Sociovision und Professor Dr. Stefan Hradil, Leiter des Soziologischen Instituts in Mainz, quantifiziert, um ihren Anteil in der Bevölkerung zu bestimmen. Im Auftrag des Commerzbank Ideenlabors wurden Aspekte abgefragt wie Kompetenz und Sachverstand, das Interesse oder der Spaß an Finanzthemen, die Bereitschaft, Risiken einzugehen. Aber auch Unsicherheit und Überforderung kamen zur Sprache, Skepsis und Zweifel daran, auch im Alter einen angemessenen Lebensstandard zu haben. Wichtig war ebenfalls die Frage nach dem Vertrauen in die Fachkompetenz von Finanzmarktspezialisten, nach Informationsüberflutung oder den tatsächlichen Möglichkeiten für die eigene Zukunftsvorsorge.

Das Ergebnis: 45 Prozent aller Deutschen meiden das Thema Geld und sind aufgrund negativer Einstellungen zu den privaten Finanzen stark gefährdet, finanziellen Schaden zu erleiden. Fast jeder zweite Deutsche zählt zu einem von drei problematischen Geldtypen: den Überforderten, den Leichtfertigen und den Bescheidenen. Laut Studie stehen sie Finanzthemen mit Unkenntnis, Misstrauen und Abwehr gegenüber.

Jeder zweite ist ein problematischer Geldtyp.

Nur 18 Prozent der Bevölkerung planen ihre Finanzen durchweg positiv und mit Erfolg. Nur die Ambitionierten und die Souveränen – zusammen nicht einmal jeder fünfte der Bevölkerung – gehen mit Interesse, Spaß und Sachkenntnis an ihre privaten Finanzen heran und nutzen selbstständig ihre Chancen.

Ein Mittelfeld von 37 Prozent der Befragten kümmert sich zwar um seine privaten Finanzen, verpasst jedoch mangels Engagement und Selbstvertrauen viele Chancen. Mehr als ein Drittel der Bevölkerung gehört damit zu den Geldtypen »Pragmatiker«, »Vorsichtige« und »Delegierer«.

Ein Drittel verpasst viele Chancen.

■ Die Überforderten

Der häufigste Typus: 19 Prozent der Bundesbürger lassen sich dem finanziell äußerst gefährdeten Typus der Überforderten zurechnen. Tendenziell gehören hierzu mehr Frauen als Männer, und ein Schwerpunkt liegt bei Personen unter 50 Jahren mit durchschnittlichem Bildungsniveau. Arbeiter, Facharbeiter oder vorübergehend Arbeitslose sind ebenso wie untere Einkommensgruppen überrepräsentiert.

Der häufigste Geldtyp

■ Die Leichtfertigen

16 Prozent der Befragten werden von den Marktforschern zu den Leichtfertigen gezählt. Der Altersschwerpunkt dieser Gruppe liegt bei 50 Jahren und darüber, ein einfaches Bildungsniveau überwiegt. Die Leichtfertigen – mehrheitlich Facharbeiter, Arbeiter oder Rentner – weisen ein durchschnittliches Einkommen auf.

Einfaches Bildungsniveau

■ Die Bescheidenen

Die Bescheidenen stellen zehn Prozent der Bevölkerung. Gleichermaßen auf Männer und Frauen verteilt, bilden sie die älteste Gruppe im Typenvergleich mit entsprechend hohem Anteil an Rentnern. Auch Arbeitslose sind hier leicht überrepräsentiert. Häufig

Hoher Rentneranteil

verfügen Bescheidene nur über einen einfachen Bildungsabschluss und ein geringes persönliches Einkommen.

■ Die Souveränen

Männer in der Mehrheit

Dem Typus der Souveränen können 11 Prozent der Bevölkerung zugeordnet werden. Hier bilden Männer die Mehrheit, während der Altersschwerpunkt zwischen 40 und 59 Jahren liegt. Souveräne weisen im Typenvergleich das höchste Bildungsprofil sowie den größten Anteil von Selbstständigen, freien Berufen und Personen in leitenden Positionen auf. Darüber hinaus verfügen sie über das höchste Einkommen.

■ Die Ambitionierten

Höchster Männeranteil

Mit sieben Prozent die kleinste Gruppe der Befragten sind die Ambitionierten. Ihr Altersschwerpunkt liegt zwischen 18 und 29 Jahren, und sie haben im Typenvergleich den höchsten Männeranteil. Freiberufler, Selbstständige und leitende Positionen sind stark vertreten.

■ Die Vorsichtigen

Altersgruppe 18–39

Die Vorsichtigen stellen 11 Prozent der Bevölkerung, zu etwa gleichen Teilen Männer und Frauen. Dieser Typus ist besonders stark in der Altersgruppe von 18 bis 39 Jahren, aber auch bei den über 70-Jährigen vertreten. Überrepräsentiert sind Menschen mit mittlerer und gehobener Bildung, Angestellte und Beamte, in geringerem Maße auch Hausfrauen. Der Geldtyp der Vorsichtigen hat das zweithöchste Einkommen im Typenvergleich.

■ Die Pragmatiker

Überdurchschnittliches Bildungsprofil

Pragmatiker sind zu 16 Prozent in der Bevölkerung repräsentiert; ausgeglichen verteilt zwischen Frauen und Männern, sind sie besonders unter den 20- bis 39-Jährigen zu finden. Schüler, Studenten und Auszubildende sind in dieser Gruppe stark vertreten. Es sind aber auch mittlere und gehobene Berufsgruppen überrepräsentiert. Das Bildungsprofil ist überdurchschnittlich; die Einkommensverteilung entspricht dem Durchschnitt der Bevölkerung.

■ Die Delegierer

Häufig Frauen

Zu den Delegierern gehören 10 Prozent der Befragten, wobei Frauen und die Altersgruppe zwischen 30 und 39 Jahren am häufigsten vertreten sind. Bei durchschnittlichem Bildungsgrad ist ihr Einkommensniveau leicht unterdurchschnittlich.

Machen Sie den Test: Welcher Geldtyp sind Sie?

Nun geht es um Ihre Selbstanalyse. Denn gerade der Umgang mit finanziellen Entscheidungen ist hauptsächlich eine Frage des Geldtyps. Und deswegen ist es sinnvoll, sich richtig einzuschätzen und zu analysieren, um Stärken und Schwächen herauszuarbeiten. Denn wer seine Fähigkeiten und Grenzen realistisch einschätzt, für den kann das Steuern der eigenen Finanzen zum spannenden Hobby werden.

Den Test finden Sie im Internet unter www.commerzbanking.de/ideenlabor

Der Typentest im Internet

Wer keinen Internetzugang hat, kann die Testfragen auch beim Commerzbank Ideenlabor anfordern. Bitte legen Sie einen frankierten Rückumschlag bei. Den ausgefüllten Fragebogen faxen Sie dann bitte an das Ideenlabor. Anschließend wird Ihnen Ihr Testergebnis mitgeteilt.

Commerzbank Ideenlabor
Projektbüro
Hainer Weg 48
60599 Frankfurt am Main
Fax: 0049 (0) 69/91 33 31-33

Der Geldtyp steht am Anfang

Nun haben Sie es Schwarz auf Weiß. Sie wissen nun, zu welchem Geldtyp Sie nach Meinung der Wissenschaftler des Forschungsinstitutes Sinus Sociovision gehören. Doch diese Einstufung ersetzt naturgemäß keine individuelle Beratung durch einen wirklichen Finanzexperten. Und die weitere Beschäftigung mit dem Thema Geld sollten Sie auf keinen Fall unterlassen. Verstehen Sie das Erlangen von Wissen rund um das Thema Geldanlage und Vermögen als lebenslanges Lernen. Dabei ist es wenig sinnvoll, Empfehlungen zu geben, wie viele Stunden man sich am besten mit dem Überprüfen der laufenden Geldanlagen, dem Informieren über neue Anlagemöglichkeiten und dem Erweitern des Wissens beschäftigen sollte. Zu individuell sind die einzelnen Lebenssituationen. Doch Sie selbst können sich fragen: Wie wichtig ist mir mein finanzielles Wohlergehen heute und später? Wie intensiv will und kann ich mich um meinen Vermögensaufbau kümmern? Ehrliche Antworten zeigen, ob Sie selbst die Ärmel hochkrempeln wollen und die Herausforderung annehmen – oder ob es empfehlenswert ist, sich einen fähigen Berater zu suchen, weil Zeit und/oder das Interesse fehlen.

Wer sich mit seinen privaten Finanzen in Grundzügen auskennen möchte, muss nicht Wirtschaftswissenschaften studiert haben. Für den praktischen Umgang mit Geld sind allerdings bestimmte Grundlagenkenntnisse notwendig. Dieses Kapitel klärt Sie auf.

Was muss ich vor der Geldanlage wissen?

Leitfragen aus dem Kanon der finanziellen Allgemeinbildung

Welche ökonomischen Grundmechanismen muss ich verstehen, weil sie unmittelbar Einfluss auf meine Finanzen haben?
An welchen Grundmodellen zum Vermögensaufbau kann ich mich orientieren?
Wozu können mir Finanzdienstleistungen dienen?
Wie kann ich ein Geldanlage-Angebot für mich bewerten?
Wie viel Geld soll und kann ich anlegen?

Grundlagen

Nach der bisherigen Lektüre dieses Ratgebers wissen Sie nun, welcher Geldtyp Sie sind. In diesem Kapitel verschaffen Sie sich die notwendigen Grundlagen für eine erfolgreiche Geldanlage. Wichtig für Sie ist zu wissen, wie Sie die für Sie richtigen Geldanlagen im Dreiecksverhältnis Liquidität, Rendite und Sicherheit beurteilen können. Sie sollten zudem Zins, Zinseszins und Inflationsrate einschätzen können. Mit dem Terrassenmodell geben wir Ihnen ein einfaches, aber wirkungsvolles Instrumentarium – für alle Altersstufen und Lebenslagen – an die Hand. Schließlich werden Sie über den Sinn und die Aspekte bei Finanzdienstleistungen und deren steuerliche Seite aufgeklärt.

Dreiecksverhältnis: Liquidität – Rendite – Sicherheit

Es gibt einige wenige ökonomische Grundmechanismen, die Anleger kennen und beherrschen sollten, weil sie unmittelbar Einfluss auf ihre Finanzen haben. Ein einfaches, aber wirkungsvolles Hilfsmittel zur Bewertung von Geldanlagen ist dabei das so genannte Rendite-Dreieck. Prinzipiell lassen sich alle Anlageprodukte nach den drei Faktoren Liquidität, Sicherheit und Rendite beurteilen.

Faktoren für Anlageprodukte

Liquidität bedeutet: Ich kann schnell und einfach wieder über mein Geld verfügen.

Beispiele:
Tagesgeld: hohe Liquidität, da täglich verfügbar
Rentenversicherung: geringe Liquidität, da Auszahlung erst im Alter erfolgt

Sicherheit bedeutet: Wie sicher ist meine Anlage? Wie hoch ist das Risiko, dass ich mein Geld verliere?

Beispiele:
Bundesanleihen: hohe Sicherheit, da Bundesrepublik Gläubiger ist
Optionsscheine: hohes Verlustrisiko, da hoch spekulativ

Rendite bedeutet: Welchen stetigen Ertrag bringt das Finanzprodukt?

Beipiele:
Unternehmensanleihen: hohe Rendite
Immobilie in schlechter Lage: kaum Aussicht auf Wertsteigerung, sogar Verluste bei Wiederverkauf möglich

Gegenseitige Abhängigkeit der drei Faktoren

Dabei gibt es eine gegenseitige Abhängigkeit der drei Faktoren untereinander:

höhere Rendite	→	geringere Liquidität
	→	geringere Sicherheit
höhere Liquidität	→	geringere Rendite
	→	geringere Sicherheit
höhere Sicherheit	→	geringere Rendite
	→	geringere Liquidität

Lang laufende Anleihen beispielsweise sind meist renditestärker als ein Sparbuch. Aktien sind weniger sicher als Bundesanleihen. Liquide bleibt man mit Tagesgeldkonten, Aktien und Investmentfonds, während sich eine Kapitallebensversicherung nur mit großen Verlusten vor Ablauf auflösen lässt. Nach der Betrachtung der Finanzprodukte ist es sinnvoll, diese Dreieckskonstellation auf sich selbst anzuwenden. Denn Finanzprodukte passen umso besser zu Ihnen, je ähnlicher Ihr individuelles Anlegerprofil in diesen Aspekten dem Produkt ähnelt – besonders wenn einer der drei Faktoren dominieren sollte.

Beispiel: Wer liquide bleiben will, sollte beispielsweise nicht zu einer Rentenversicherung greifen, und wer Sicherheit schätzt, ist mit Optionsscheinen nicht gut bedient. Daher sollten Sie sich selbst zunächst hinsichtlich Liquiditätserfordernissen, Risikobelastbarkeit und Renditevorgabe einstufen und dies mit dem Profil des Produkts vergleichen. In vielen Fällen ist es möglich und sinnvoll, die drei Faktoren durch Mischung verschiedener Geldanlageprodukte angemessen zu berücksichtigen.

Ermitteln Sie Ihr Anlegerprofil.

Um Ihr Anlegerprofil zu ermitteln, müssen Sie für sich festlegen, in welcher Reihenfolge Ihnen die drei Faktoren Liquidität, Sicherheit und Rendite wichtig sind.

In diesem Spannungsfeld bewegt sich jede Vermögensanlage

Sicherheit – das Risiko einer Anlage (Beispiele: Währungs-, Zins- und Kursrisiko)

Rendite – der erzielte Ertrag (Beispiele: Zins- und Dividendenzahlungen, Wertentwicklung)

Liquidität – die Verfügbarkeit der Geldanlage (Beispiele: täglich oder erst nach mehreren Jahren)

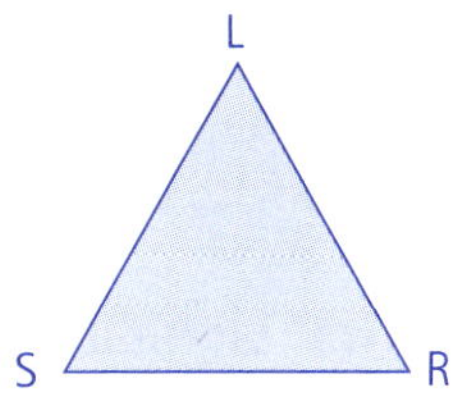

Erstellen Sie Ihr persönliches Profil

Finden Sie den Ort im Dreieck, der für Ihr Profil steht.

Beispiel 1
1. Liquidität
2. Sicherheit
3. Rendite

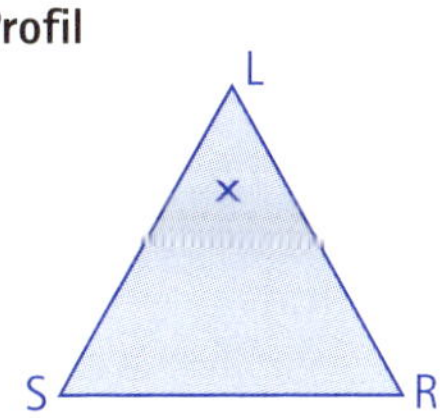

Beispiel 2
1. Rendite
2. Liquidität
3. Sicherheit

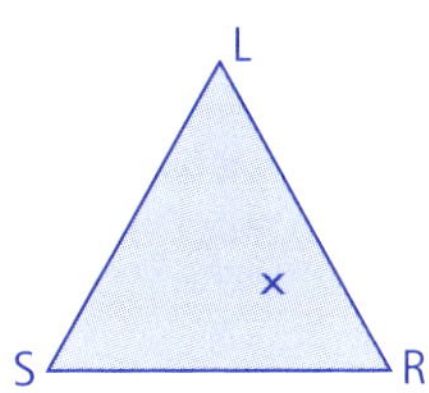

Beispiel 3
1. Sicherheit
2. Liquidität
3. Rendite

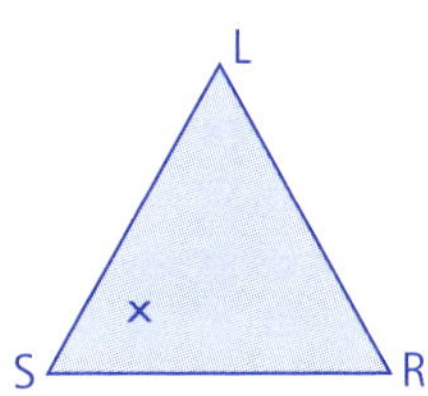

Und so einfach geht es: Bringen Sie für sich selbst die drei Faktoren Liquidität, Sicherheit und Rendite in die entsprechende Reihenfolge. Denken Sie sich ein Kreuz in die Dreiecks-Ecke jenes Faktors, der Ihnen am wichtigsten ist. Rutschen Sie dann mit ihrer Bewertung zur für Sie zweitwichtigsten Eigenschaft und dann zur dritten. Dadurch ergibt sich der »Ort« innerhalb des Dreiecks, der Ihr Profil markiert. Bedenken Sie außerdem, dass Ihr Anlegerprofil nicht statisch ist, sondern abhängig von vielen Faktoren wie Einkommen, Familienstand, Persönlichkeit. Sie sollten Ihr Profil also regelmäßig überprüfen, sobald sich Ihre Lebensumstände, beispielsweise durch Heirat oder Geburt eines Kindes, ändern – spätestens aber alle drei bis fünf Jahre.

Priorität Rendite

Rendite im Visier

Wer über viel Kapital verfügt, kann die Rendite in den Mittelpunkt seiner Bemühungen stellen. Sollte ein Engagement mit Verlust enden, gleichen das die anderen Anlagen wieder aus.

Priorität Liquidität

Ihnen ist Flexibilität wichtig?

Wer eher wenig hat, sollte zunächst alle seine Entscheidungen daran ausrichten, dass mittel- und langfristig keine Zahlungsengpässe auftreten. Ihre Lebenssituation könnte sein: Sie sind Familiengründer, Ende 30, auf dem Höhepunkt der beruflichen Karriere. Ein Elternteil arbeitet gar nicht oder nur Teilzeit. Ihre Familie will in absehbarer Zeit Wohneigentum erwerben.

Priorität Sicherheit

Kapitalerhalt im Mittelpunkt

Hier steht der Kapitalerhalt im Mittelpunkt. Das kann zum einen daran liegen, dass Sie zur älteren Generation gehören und Ihnen nicht mehr genügend Zeit bleibt, bei einem Wertverlust der Anlagen noch einmal von vorn anzufangen. Oder Sie wissen, dass Sie mit dem aktuellen Kapital eine längere Durststrecke überbrücken müssen.

Turbo für Ihr Vermögen: der Zinseszins

Sicher in der Schule gelernt, aber wahrscheinlich wieder vergessen – dabei gehört der Zinseszins zu den eher angenehmen Begleiterscheinungen der Geldanlage.
Jeder, der mit geringen Beiträgen zu einem Vermögen kommen möchte, hat zwei mächtige Verbündete: die Zeit und den Zins. Wer früh mit dem Sparen beginnt, erzielt beachtliche Summen. Der erste in einen Sparvertrag eingezahlte Euro ist der wichtigste, weil er länger arbeitet als alle folgenden. Das ist wie beim bekannten Schneeballeffekt. Denn die Zinsen werden wieder und wieder verzinst und summieren sich zu einem immer höheren Betrag. Deswegen ist es sinnvoll, so früh wie möglich mit dem Vermögensaufbau zu beginnen. Der Zinseszins spielt also für Ihr zukünftiges Vermögen und die Altersvorsorge eine große Rolle. Je früher man mit der Altersvorsorge anfängt, desto weniger muss man sich dafür einschränken. Denn während ein Einstieg in jungen Jahren noch mit geringen Beträgen möglich ist, wird der Aufwand bei späterem Einstieg immer größer, wenn Sie das gleiche Ergebnis erzielen wollen.

Beginnen Sie möglichst früh mit dem Sparen.

Zur Vertiefung

Zins
Als Zins wird der Preis bezeichnet, den ein Schuldner einem Gläubiger dafür zahlen muss, dass dieser ihm für eine bestimmte Zeit einen gewissen Geldbetrag überlässt. Der Zins hat also immer zwei Seiten: Als Schuldner, zum Beispiel als Kreditnehmer eines Bauspardarlehens, müssen Sie den Zins bezahlen. Als Gläubiger, zum Beispiel als Inhaber eines Sparbuches, erhalten Sie den Zins.

Eine einfache Formel für Zinsen lautet:
Kapital x Zeit x Zinssatz = Zins

Der Zins ist also abhängig von der Höhe des überlassenen Kapitals, der Dauer der Überlassung und vom Zinssatz. Der Zinssatz – ob beim Kredit oder beim Sparbuch – wird üblicherweise in Prozent pro Jahr angegeben.

Beispiel: Legen Sie 100 Euro auf Ihrem Sparbuch zum jährlichen Zinssatz von zwei Prozent an, erhalten Sie nach drei Monaten (also einem Vierteljahr) 50 Cent Zinsen, nach einem ganzen Jahr 2 Euro Zinsen gutgeschrieben:

100 Euro x 0,25 Jahr x 0,02/Jahr = 0,50 Euro
100 Euro x 1 Jahr x 0,02/Jahr = 2 Euro

Zinseszinseffekt

Zinseszins

Der Zinseszins nun ist ein Zins auf Zinsen. Denn in der Regel wird der Zins nicht am Ende des ersten Jahres ausgezahlt, sondern wieder der Kapitaleinlage zugeschlagen. Das bedeutet, der Zins für das erste Jahr wird im zweiten Jahr verzinst. Der am Ende des zweiten Jahres erzielte Ertrag ist der Zinseszins. Durch den Zinseszinseffekt wächst das Vermögen von Jahr zu Jahr exponentiell.

Die Formel dafür lautet.

$$\text{Kapital} \times (1 + \text{Zinssatz})^{\text{Anzahl der Jahre}} = \text{Kapital mit Zinseszins}$$

Die Formel ist zwar nicht ganz so einfach, aber für jede zinsbringende Geldanlage, die über ein Jahr hinausgeht, relevant. Die 100 Euro auf dem Sparbuch wachsen dank des Zinseszinses am Ende des zweiten Jahres auf 104,04 Euro, am Ende des dritten Jahres auf 106,21 Euro.

$100 \text{ Euro} \times (1 \text{ Jahr} + 0{,}02/\text{Jahr})^2 = 100 \text{ Euro} \times 1{,}0404 = 104{,}04 \text{ Euro}$

$100 \text{ Euro} \times (1 \text{ Jahr} + 0{,}02/\text{Jahr})^3 = 100 \text{ Euro} \times 1{,}0612 = 106{,}12 \text{ Euro}$

Anfänglich ist der Effekt nicht so stark, wächst aber unaufhörlich. Nach zehn Jahren sind aus den 100 Euro schon 121,90 Euro geworden, nach 20 Jahren 148,59 Euro und nach 30 Jahren – nur aufgrund des Zinseszinses – 181,14 Euro.

$100 \text{ Euro} \times (1 \text{ Jahr} + 0{,}02/\text{Jahr})^{10} = 100 \text{ Euro} \times 1{,}2190 = 121{,}90 \text{ Euro}$

$100 \text{ Euro} \times (1 \text{ Jahr} + 0{,}02/\text{Jahr})^{20} = 100 \text{ Euro} \times 1{,}4859 = 148{,}59 \text{ Euro}$

$100 \text{ Euro} \times (1 \text{ Jahr} + 0{,}02/\text{Jahr})^{30} = 100 \text{ Euro} \times 1{,}8114 = 181{,}14 \text{ Euro}$

Der Zinssatz schwankt gerade in so langen Zeiträumen erheblich. Gegenwärtig liegt der Sparbuchzins um die 2 Prozent. In Hochzinsphasen können es auch schon mal 6 oder 8 Prozent sein. Legt man deshalb einen mittleren jährlichen Zinssatz von 4 Prozent zugrunde, so werden die anfänglichen 100 Euro nach 30 Jahren sogar mehr als verdreifacht:

$100 \text{ Euro} \times (1 \text{ Jahr} + 0{,}04/\text{Jahr})^{30} = 100 \text{ Euro} \times 3{,}2434 = 324{,}34 \text{ Euro}.$

Spar-Beispiele

Sparrate in Euro:	200
Sparintervall:	monatlich
Zinssatz in Prozent:	3
Inflationsrate in Prozent:	1
Spardauer in Jahren:	10
Wert:	
Eingezahltes Vermögen in Euro:	24 000,00
Vermögen nominal in Euro:	27 948,28
Vermögen inflationsbereinigt in Euro:	26 543,93

Sparrate in Euro:	200
Sparintervall:	monatlich
Zinssatz in Prozent:	3
Inflationsrate in Prozent:	1
Spardauer in Jahren:	20
Wert:	
Eingezahltes Vermögen in Euro:	48 000,00
Vermögen nominal in Euro:	65 660,40
Vermögen inflationsbereinigt in Euro:	58 959,37

Sparrate in Euro:	200
Sparintervall:	monatlich
Zinssatz in Prozent:	3
Inflationsrate in Prozent:	1
Spardauer in Jahren:	30
Wert:	
Eingezahltes Vermögen in Euro:	72 000,00
Vermögen nominal in Euro:	116 547,38
Vermögen inflationsbereinigt in Euro:	98 545,08

Hier wird der Zusammenhang zwischen »Zeit« und »Zins« besonders deutlich.

Größter Feind des Vermögensaufbaus: die Inflation

Ein echter Feind der meisten Vermögen ist die Inflation, die schleichende Geldentwertung. Denn Geld verliert wegen der Preissteigerungen über die Jahre an Kaufkraft – mal stärker, mal weniger stark. Ausgedrückt wird dieser Effekt durch die Inflationsrate.

Inflationsrate

Beispiel: Nach 30 Jahren entsteht bei einer jährlichen Inflationsrate von zwei Prozent ein realer Wertverlust der ursprünglich ersten Einzahlung von 45 Prozent. Bei einer Inflationsrate von drei Prozent sind dies fast 60 Prozent. Oder: Eine Inflationsrate von vier bis fünf Prozent pro Jahr führt in nur sechs Jahren zu einem Geldwertschwund von rund einem Viertel. In zwölf Jahren ist, bei Zugrundelegung der gleichen Inflationsrate, die Kaufkraft des Vermögens um rund die Hälfte geschrumpft.

Inflation, Inflationsrate und deren Berechnung

Der Begriff kommt aus dem Lateinischen und bedeutet das Sich-Aufblasen oder Anschwellen. Die Inflation spiegelt die Entwicklung einer Volkswirtschaft, in der Waren und Dienstleistungen teurer werden und als Folge davon die Kaufkraft einer Währung sinkt.

Preisindex der Lebenshaltungskosten

Üblicherweise wird zur Messung der Inflation der Preisindex der Lebenshaltungskosten herangezogen. Die Inflationsrate wird mit Hilfe eines für einen durchschnittlichen deutschen Haushalt mit 2,3 Personen in einem bestimmten Jahr repräsentativen Warenkorbes mit rund 750 Produkten berechnet. Auf Grundlage dieses Warenkorbs werden für jedes Jahr die Lebenshaltungskosten und daraus die prozentuale Steigerung zum Vergleichs- oder Vorjahr ermittelt. Das Statistische Bundesamt ermittelt für jeden Monat die Preissteigerungen. Regelmäßig wird deswegen auch der Warenkorb neu definiert, damit dieser auch bei verändertem Konsumentenverhalten repräsentativ bleibt. Zuletzt wurde der Warenkorb vom Statistischen Bundesamt im Jahr 2003 verändert. Neu berücksichtigt wurden die Kosten für Pizzaservice, Fitness-Studio, Scanner, Laserdrucker oder Digitalkameras, während elektrische Schreibmaschinen herausgenommen wurden. Um den Preisindex einmal im Monat festzustellen, erheben rund 560 Preisermittler im Auftrag der Statistischen Landesämter und 15 Mitarbeiter des Bundesamtes Preise für die 750 Waren und Dienstleistungen des Warenkorbes. 190 Berichtsgemeinden und knapp 40 000 so genannte Berichtsstellen – das sind zum Beispiel Einzelhandelsgeschäfte und Dienstleister – werden dabei unter die Lupe genommen. Immerhin rund 350 000 Einzelpreise werden dabei ermittelt.

Offiziell heißt die Inflationsrate »Verbraucherpreisindex für Deutschland« oder kurz VPI, früher »Preisindex für die Lebenshaltung aller privaten

Haushalte in Deutschland«. Veröffentlicht wird der VPI monatlich im Folgemonat per Pressemitteilung des Statistischen Bundesamtes (siehe: www.destatis.de).

Das Gegenteil der Inflation ist die Deflation. Der Begriff Deflation kommt aus dem Lateinischen »deflatio«. Es bedeutet so viel wie »Luft ablassen, abschwellen«. Deflation herrscht dann, wenn ein Überhang des Güterangebots einer nicht wachsenden Geldmenge gegenübersteht. Weniger Geld führt zu einer rückläufigen Nachfrage nach Gütern, sodass das Preisniveau für Endprodukte längerfristig sinkt. Deshalb steigt der Wert des Geldes innerhalb der betroffenen Volkswirtschaft. Deflation spiegelt einen Preisverfall wider. Häufig hat Deflation einen Rückgang an Investitionsvolumen zur Folge, weil die Unternehmen wegen der gesunkenen Preise niedrigere Gewinne erwarten.

Deflation

Aktuell liegt die Inflationsrate um die zwei Prozent.

Inflationsrate 2004 – Verbraucherpreisindex für Deutschland
in Prozent

Jan.	Feb.	Mrz.	Apr.	Mai	Jun.	Jul.	Aug.	Sep.	Okt.	Nov.	Dez.
1,2	0,9	1,1	1,6	2,0	1,7	1,8	2,0	1,8	2,0	1,8	2,1

Quelle: Statistisches Bundesamt

Genannt wird jeweils die Preissteigerung gegenüber dem Vergleichsmonat des Vorjahres. Die Zahlen zeigen: Wir haben eine eher niedrige Inflation. Als niedrige Inflation wird ein Kaufkraftverlust bis etwa fünf Prozent im Jahr bezeichnet. Eine niedrige Inflation ist volkswirtschaftlich sinnvoll, denn sie hat nachfragefördernde Wirkung. Geld wird ausgeben oder investiert. Dabei müssen allerdings die Renditen für Investitionen deutlich über der Inflationsrate liegen. Eine hohe Inflation beginnt bei etwa fünf Prozent Wertverlust im Jahr. Sie hat nachfragehemmende Wirkung, denn das Tauschmittel Geld verliert seinen Wert schneller als andere Güter wie beispielsweise Immobilien, Aktien oder andere Sachwerte. Die Folge von sehr hoher Inflation ist, dass das Geld an Funktionsfähigkeit einbüßt. Es verliert seine Verlässlichkeit als universelles Mittel zur Aufbewahrung von Werten.

Niedrige Inflation ist sinnvoll

Inflationsrate der letzten Jahre
Veränderung zum Vorjahr in Prozent

1995	1996	1997	1998	1999	2000	2001	2002	2003
1,7	1,5	1,9	0,9	0,6	1,4	2,0	1,4	1,1

Quelle: Statistisches Bundesamt

Auch wenn die Zahlen moderat scheinen, sind die Auswirkungen der Inflation für Sparer schwer wiegend. Um den Geldverfall darzustellen, ein Zahlenbeispiel. Wer in fünf, zehn oder 15 Jahren die heutige Kaufkraft von 50 000 Euro erhalten will, muss dann bei zwei oder drei Prozent Inflation haben:

	2 Prozent Inflation	3 Prozent Inflation
5 Jahre	55 000 Euro	58 000 Euro
10 Jahre	60 900 Euro	67 200 Euro
15 Jahre	67 300 Euro	77 900 Euro

Die Inflation muss eingerechnet werden.

Das zeigt, dass man die Inflation bei allen finanziellen Entscheidungen berücksichtigen muss, vor allem bei langfristigen Engagements wie bei der Altersvorsorge. Wenn Sie beispielsweise jeden Monat 100 Euro sparen, wird daraus in 30 Jahren ein stattliches Vermögen. Im folgenden Beispiel wird der Betrag mit sechs Prozent verzinst, die angenommene Inflationsrate liegt bei drei Prozent.

Was aus einer Sparrate von monatlich 100 Euro wird

Laufzeit	Einzahlung	+	Zinsen	=	Gesamtsumme	entspricht einer heutigen Kaufkraft von
10 Jahre	12 000	+	4 326	=	16 326	12 558,46
20 Jahre	24 000	+	21 565	=	45 565	28 478,13
30 Jahre	36 000	+	61 926	=	97 926	51 540,00

Gut sehen sie aus, die Zahlen der Gesamtsumme, und in vielen Rechenbeispielen der Finanzbranche wird nur der optisch ansprechende Nennwert gezeigt, der eben nicht die Inflation berücksichtigt. Dabei relativieren sich die Summen, wenn man ihre Kaufkraft zur Fälligkeit berücksichtigt. Dies offenbart sich vor allem bei Altersvorsorgethemen. Entscheidend dagegen ist der Betrag in der Spalte Kaufkraft. Denn dieser zeigt Ihnen den wirklichen Wert Ihres Geldes in der Zukunft.

Kaufkraftverlust durch Inflation

Sie sehen, in 30 Jahren kommt es bei einer Inflation von drei Prozent zu einem Kaufkraftverlust von 47 Prozent. Deswegen müssen Sie Inflationssicherung betreiben und den möglichen Kaufkraftverlust schon in der Anfangsphase Ihres Finanzengagements berücksichtigen. Das bedeutet: eine Schippe mehr auflegen. Dabei ist dies eine Rechnung mit mindestens einer Unbekannten – denn niemand weiß, wie sich die Inflation im nächsten Monat, im nächsten Jahr oder Jahrzehnt entwickeln wird. Deswegen unser Vorschlag: Rechnen Sie mit einer angenommenen Inflation von drei Prozent. Auch wenn die Inflationsrate aktuell relativ niedrig ist, sollte man rein gedanklich und rechnerisch von mindestens drei Prozent ausgehen. Damit bauen Sie aus heutiger Sicht einen Sicherheitspuffer ein. Sparen Sie also nicht nur 100 Euro, sondern 103 Euro monatlich an.

Flucht in Sachwerte

Man hört immer wieder die Empfehlung, man solle wegen der Gefahr der Entwertung besser in Sachwerte investieren. Immobilien gelten dabei als relativ inflationssicher, und Gold erlebt geradezu regelmäßig und vor allem in unsicheren Zeiten eine Renaissance. Allerdings: Darüber, ob eine Anlage wirklich wertbeständig, das heißt sicher vor Geldwertschwund ist, kann keine generelle Aussage getroffen werden. Über lange Zeiträume hinweg erzielen diese Sachwerte erfahrungsgemäß bessere Anlageergebnisse. Das bedeutet, sie sind wertbeständiger als Geldwerte. Allerdings gab es in der Vergangenheit durchaus auch längere Phasen, in denen Geldwertanlagen den Sachwertanlagen überlegen waren.

Unterschätzt: Kaufkraftverlust bei Renten

Eine Umfrage des Deutschen Instituts für Altersvorsorge (DIA), veröffentlicht im November 2004, zeigte auf, dass vielen die Minderung ihrer Rente durch die Inflation nur unzureichend bewusst ist. Die reale Kaufkraft einer Standardrente von 1170 Euro beträgt für einen 30-Jährigen beim Eintritt in den Ruhestand mit 65 Jahren im Jahr 2039 bei einer jährlichen Inflation von 1,5 Prozent nur noch knapp 700 Euro. Das entspricht einer Minderung von 41 Prozent. 2054, wenn er 80 Jahre alt sein wird, beträgt sie mit 550 Euro noch nicht einmal mehr die Hälfte. Dabei sind Steuern und andere Abzüge wie Sozialversicherungsbeiträge noch nicht berücksichtigt.
Die Ergebnisse der DIA-Untersuchung belegen, wie sehr diese langfristigen Auswirkungen der Inflation unterschätzt werden. Die unter 35-Jährigen beispielsweise meinen, die Kaufkraft von 100 Euro würde sich in 35 Jahren bei einer jährlichen Inflationsrate von 1,5 Prozent auf 77 Euro mindern. In Wirklichkeit geht sie auf 59 Euro zurück.

Orientierung leicht gemacht: Leitbild Terrassenmodell

Waren Sie schon mal in den Reisterrassen von Bali? Oder haben Sie schon einmal woanders den Lauf des Wassers von oben nach unten über terrassierte Ebenen beobachten dürfen? Solche Terrassen haben tatsächlich etwas mit Geldanlage und Vermögensaufbau zu tun.

Der ideale Vermögensaufbau

Denn Sie können Ihnen als Leitbild oder Metapher dafür dienen, wie Sie Ihre Finanzanlagen idealerweise aufbauen. Ihr Vermögensaufbau sollte vom Prinzip der Kurzfristigkeit in die Langfristigkeit fließen und terrassenförmig gestaltet sein. Wie Wasser über ein Reisfeld sollte das Geld vom Girokonto ab einem Höchstbetrag auf ein Tagesgeldkonto oder in einen Geldmarktfonds fließen, dann in kurz- und mittelfristige Anlagen wie offene Immobilienfonds, Bundesanleihen oder Rentenfonds und schließlich in die Langfristanlagen wie beispielsweise Aktien und -fonds, Immobilien oder Rentenversicherungen.

Ein Aufbau Ihrer Finanzen nach dem Terrassenmodell lässt Sie immer liquide sein und minimiert das Risiko, dass Sie Ihre Altersvorsorge zur Unzeit antasten müssen, wenn zwischendurch Geld gebraucht wird. Im Gegenteil: Sie haben den Überblick, wann Sie welche Investitionen tätigen können. Die Idee des terrassenförmigen Vermögensaufbaus dient der Sicherung der Liquidität. Dabei ist es sinnvoll, so früh wie irgend möglich zu starten, so wie dies ja prinzipiell bei der privaten Altersvorsorge empfohlen wird. Das Ziel des Terrassenmodells ist, möglichst bald auf die vierte/unterste Terrasse zu gelangen.

Terrasse 1: laufender Zahlungsverkehr

Sie starten beim Terrassenmodell auf Terrasse 1. Diese ist für den laufenden Zahlungsverkehr zuständig, was am sinnvollsten auf dem Girokonto geschieht. Hier sollten Sie flüssig sein, allerdings nicht zu viel Geld liegen lassen. Deswegen die Empfehlung: höchstens ein Nettogehalt.

Terrasse 2: Reserve

Was überfließt, gelangt auf Terrasse 2. Ihr Notgroschen, der zwei bis drei, aber nicht mehr Nettogehälter umfassen sollte, kommt in Geldmarkfonds oder Tagesgeldkonten. Dies ist Ihre Reserve für kurzfristige, auch ungeplante Ausgaben, vorübergehend können Sie auch höhere Geldsummen zwischenlagern.

Terrasse 3: mittelfristiges Sparen

Diese fließen aber besser in Terrasse 3. Hier sparen Sie für das an, was Sie mittelfristig zu erwerben planen. Dabei geht es um größere Ausgaben wie ein neues Auto oder einen Traumurlaub. Dazu sollten Sie sichere Finanzprodukte wie Bundesschatzbriefe, Rentenfonds oder offene Immobilienfonds einsetzen.

Terrasse 4: Altersvorsorge

Die Gelder Ihrer langfristigen Investitionen, wie die eigene Altersvorsorge, und auch alles das an Geldern, was Sie in den Terrassen 1 bis 3 nicht unterbringen, fließen in Terrasse 4. Als Anlageprodukte eignen sich Aktien, Aktienfonds, Kapitallebensversicherungen und Rentenversicherungen.

Das Terrassenmodell

Terrasse 1:
Für den laufenden Zahlungsverkehr
Finanzprodukt: Girokonto
Empfohlen: maximal ein Monatsgehalt

Terrasse 2:
Reserve für kurzfristige Ausgaben, vorübergehendes »Parken« von höheren Geldsummen
Finanzprodukte: Geldmarktfonds, Tagesgeld
Empfohlen: maximal drei Monatsgehälter

Terrasse 3:
Für alle größeren Ausgaben, die Sie mittelfristig planen: ein neues Auto, Kapital für einen Immobilienerwerb oder die Existenzgründung
Finanzprodukte: Bundesschatzbriefe, Rentenfonds, offene Immobilienfonds (diese europaweit anlegend)
Empfohlen: je nach Vorhaben – Eigenkapital für Immobilie, Kaufpreis eines PKWs

Terrasse 4:
Langfristanlage zum Vermögensaufbau und zur Altersvorsorge
Finanzprodukte: Aktien/Aktienfonds, Immobilien, Kapitallebens- und Rentenversicherungen
Empfohlen: alles, was über die Terrassen 1 bis 3 fließt

Verteilen Sie Ihr Geld systematisch auf die Terrassen 1 bis 4.

Besitzen Sie bereits langfristige Anlagen wie beispielsweise Kapitallebens- oder Rentenversicherungen, ohne die vorhergehenden Stufen komplett zu haben, bietet es sich allerdings an, nun zunächst die vorherigen Terrassen aufzufüllen. Langfristig bindende Verträge sollten Sie auch zur Altersvorsorge nur abschließen, wenn Sie sich langfristig festlegen können. Ist das nicht sicherzustellen, müssen Sie flexible Strategien verfolgen. Prinzipiell sollten flexible Produkte die Regel und starre die Ausnahme sein.

Terrassenmodell: ein Muster

Beispiel Familie Schmidt

Terrasse 1:
Auf dem Girokonto hält die Familie für regelmäßige Daueraufträge, Rechnungen, Barabhebungen und Kreditkartenabzüge 500 Euro.

Terrasse 2:
Als Notgroschen verfügt Familie Schmidt über einen Geldmarktfonds. Hier werden 5 000 Euro monatlich verzinst.

Terrasse 3:
Der große Traum der Familie ist ein eigenes Häuschen. Um das nötige Eigenkapital zusammenzubekommen, spart sie regelmäßig monatlich 300 Euro in Bundesschatzbriefe. Noch fehlen der Familie 15 000 Euro.

Terrasse 4:
Ist noch nicht in Betrieb. Die Familie plant, in vier Jahren, nach Einzug in die eigene Immobilie, in Langfristanlagen zu gehen.

Das Terrassenmodell funktioniert für jedes Alter.

Wenn Sie sich konsequent von den kurzfristigen, also liquiden, in die langfristigen Anlageformen vorarbeiten, erzielen Sie eine stabile und an den Lebensverlauf angepasste Vermögensentwicklung. Denn das Terrassenmodell funktioniert für jedes Alter: Junge Menschen mit eher geringem Einkommen müssen flexibel bleiben, um auf die kommenden Veränderungen im Lebensverlauf reagieren zu können. Das »Mittelalter« ist sicher schon auf Terrasse 3 angekommen und kann die 4 in Angriff nehmen. Und auch die Älteren sind beim Terrassenmodell richtig. Sie profitieren von den Anlagen, die sie zuvor auf Ebene 4 tätigten, und transferieren ihr Vermögen in die Terrassen 2 und 3 zurück.

Der Sinn von Finanzprodukten

Finanzdienstleistungen sind aus dem modernen Alltag kaum noch wegzudenken. Sie haben im vergangenen Jahrhundert immer mehr gesellschaftliche Sicherungssysteme ersetzt wie beispielsweise die Altersabsicherung in einer Familie durch viele Kinder. Mittlerweile ist ein Leben ohne Konto, Versicherungen, Sparverträge und Bankkredite zwar weiterhin möglich, im modernen Leben aber eigentlich unüblich.
Finanzdienstleistungen vermitteln zwischen Einnahmen und Ausgaben. Alltägliche Geldtransaktionen werden bequem durch den

Zahlungsverkehr geregelt. Versicherungen machen Risiken beherrschbar. Ein Leben ohne Versicherungen kann im Extremfall sogar existenzgefährdend sein. Eine weitere Funktion von Finanzdienstleistungen ist das Verschieben von Liquidität im Lebensverlauf. So ist das Sparen ein Aufschieben von Konsum, Kredite bedeuten dagegen ein Vorziehen desselben. Finanzprodukte erleichtern den Alltag und bieten Chancen. Ob Kreditkarte oder Riester-Rente: Privathaushalte sind stetig gefordert, sich mit solchen Angeboten auseinander zu setzen.

Informieren, nachfragen, Chancen nutzen

Allerdings stellt die Komplexität der Finanzdienstleistungsangebote für viele eine ganz erhebliche Barriere für die Auseinandersetzung mit den eigenen Finanzen dar, wie dies schon in der Einleitung zu diesem Buch aufgezeigt wurde. Dabei gibt es noch zu wenig systematische Hilfestellung durch Banken oder Versicherer.

Wenig systematische Hilfestellung

Prinzipiell entfalten sich die Möglichkeiten der Finanzprodukte aber nur, wenn sie richtig eingesetzt werden. Dann können sie dem Einzelnen eine Chance auf Sicherheit und wirtschaftliche Weiterentwicklung zum Beispiel bei der Altersvorsorge bieten. Falsch eingesetzt bergen sie aber auch nicht unerhebliche Risiken wie beispielsweise Überschuldung.

Kosten

Zudem verursachen alle Finanzdienstleistungen Kosten. Diese Kosten zu kennen zählt manchmal sogar zu den entscheidenden Erfolgsfaktoren einer Finanzstrategie. Gelegentlich ist es besser, ein als nicht mehr optimal erkanntes Produkt beizubehalten, anstatt ein neues zu erwerben: Ein Neuabschluss verursacht neue Kosten, die den Vorteil des Produkts schmälern oder zunichte machen können. Auch ist die Auswahl an Anlageformen riesig. Denn selbst wenn ein Produkttyp als geeignet identifiziert ist, stellt sich die Frage nach dem richtigen Anbieter und dem richtigen Zuschnitt.

Kritisch abwägen

Für die Bewertung von Finanzprodukten ist es wichtig zu wissen, zu welchem Zeitpunkt welche Kosten berechnet und welche Erträge ausgeschüttet werden. Bei einem Sparprodukt etwa ist es ein enormer Nachteil, wenn alle Kosten zu Anfang des Vertrages berechnet werden. Wie im Abschnitt Zinseszins schon dargelegt, »arbeitet« dann weniger Geld vom ersten bis zum letzten Tag des Vertrages. Besser ist es, wenn die Kosten kontinuierlich während der gesamten Laufzeit nach und nach zu zahlen sind. Seriöse Bewertungen basieren daher immer auf einer detaillierten Analyse der gesamten

Vertragslaufzeit – von der ersten Einzahlung bis zur letzten Auszahlung. Auch verlieren Finanzprodukte, die attraktiv erscheinen, manchmal ihren Glanz, wenn nicht alle Annahmen eintreffen, die in farbenfroh dargestellten Modellrechnungen zugrunde gelegt werden. Erfahrungswerte aus der Vergangenheit bieten keine Garantie für die Zukunft. Die Finanzbranche orientiert sich nur an ihnen, weil sie keine anderen Instrumente für die Vorhersagen hat. Deswegen sind Renditeprognosen nur ein Entscheidungsfaktor unter mehreren wie Risiko, Flexibilität oder Kosten. Das gilt ebenso für andere angenommene Werte. Bleiben Sie kritisch bei Kalkulationszins, Laufzeit und Dynamik. Hinterfragen Sie die Angaben des Beraters mit Ihrem eigenen Wissen. Dinge, die Sie nicht verstehen, sollten Sie sich grundsätzlich erklären lassen. Gehen Sie beim Kauf eines Finanzdienstleistungsproduktes genauso vor wie beim Erwerb einer Waschmaschine. Denn auch hier informieren Sie sich über die verschiedenen Details, vergleichen die Konditionen und fragen Verkäufer in verschiedenen Geschäften. Gehen Sie als mündiger Verbraucher ebenso selbstbewusst in ein Gespräch mit Ihrem Bankberater oder dem Versicherungsvertreter und fordern Sie die beste Beratung für sich ein.

Seien Sie kritisch!

Nachfragen ist erlaubt.

Die Gretchenfrage: Wie viel Geld soll ich anlegen?

Es ist gleichgültig, ob groß oder klein, Ihr gesamtes Vermögen muss für verschiedene Aspekte ausreichen: als Notgroschen für unvorhergesehene Ereignisse wie Krankheit, Arbeitslosigkeit oder unerwartete Reparaturen. Auch sollte Ihr Vermögen größere Ausgaben aller Art abdecken, wie ein neues Auto, eine teure Reise oder sogar einen Hauskauf. Der am schwierigsten zu erfüllende Anspruch ist die Vorsorge für das Alter, einer Zeit also, die noch lange in der Zukunft liegt, aber schon heute in der monatlichen Budgetplanung berücksichtigt werden muss. Außerdem muss Ihr Budget für all Ihre Geldanlageziele, seien sie kurz-, mittel- oder langfristig, und für den allgemeinen Vermögensaufbau sorgen. Dabei kann man nur so viel ausgeben, wie man einnimmt.

Wie viel man spart, ist also eine zentrale Frage. Die Antwort kann naturgemäß nur relativ vage sein: Eine grobe Daumenregel, an der Sie sich dauerhaft orientieren können, rät, im Durchschnitt etwa zehn Prozent des Nettoeinkommens fürs Alter zurückzulegen, bei Selbstständigen, die ja üblicherweise nicht in die gesetzliche Rentenversicherung einzahlen, sollten es 20 Prozent sein. Und diese Summe gilt es regelmäßig zu sparen, Monat für Monat. Wer sich dafür als zu undiszipliniert empfindet, der sollte sich selbst überlisten.

Zehn Prozent fürs Alter zurücklegen.

Sparen Sie mit einem Dauerauftrag, der monatlich abbucht. Oder nutzen Sie Sparpläne der Banken oder investieren Sie regelmäßig in Investmentfonds. Denn nur Kontinuität über einen längeren Zeitraum bringt Sie dahin, wohin Sie wollen. Nur regelmäßig angespart, kommen Sie Schritt für Schritt zu Vermögen. Und das entsteht nun mal durch Konsumverzicht und nicht durch Steuertricks oder Gehaltssprünge, denn mit steigendem Gehalt steigt auch der Lebensstandard. Sinnvoll ist es zudem, Steuerrückzahlungen, Urlaubs- und Weihnachtsgeld gezielt einzusetzen und nicht in den üblichen Haushaltstopf zu werfen. Schließlich müssen Sie in den anderen Monaten ja auch mit dem Üblichen auskommen. Auch die Gehaltserhöhung sollte richtig eingesetzt werden: Zur Hälfte erweitert diese Ihren Spielraum in der Haushaltskasse – als Belohnung für gute Arbeit. Die andere Hälfte nutzen Sie, indem Sie das Geld regelmäßig anlegen, um den gewohnten Lebensstandard im Alter zu halten.

Konsumverzicht

Der Altersvorsorgecheck – ein Muster

Beispiel Familie Schröder

Martin Schröder ist Angestellter und zahlt in die gesetzliche Rentenversicherung. Da die Rente aber voraussichtlich nicht ausreichen wird, um den Bedarf im Alter zu decken, sollte er etwa zehn Prozent seines Nettoeinkommens zusätzlich für seine private Altersvorsorge sparen.

Nettogehalt	2 500 Euro
monatliche Ausgaben – Miete, Auto, Lebenshaltung etc.	2 350 Euro
aktuelle private Vorsorge: Fondssparplan monatlich	100 Euro
Faustregel Sparrate (10 % des Nettoeinkommens)	250 Euro

Auswertung: Die aktuelle private Vorsorge von Herrn Schröder liegt unter zehn Prozent. Er hat nicht genügend frei verfügbares Einkommen, um mehr für seine Vorsorge zu tun.

Empfehlung: Herr Schröder sollte versuchen, seine laufenden Ausgaben zu reduzieren, damit mehr für die private Vorsorge bleibt.

Die Deutschen sparen aktuell mehr, insgesamt aber weniger als früher

Sparquote der Deutschen

Von Angstsparen ist immer dann die Rede, wenn Politiker den schwachen Konsum beklagen. Tatsache ist aber, dass die Sparquote der Deutschen vom Jahr 2000 und 9,7 Prozent über 10,2 und 10,5 auf 10,7 Prozent im Jahr 2003 kletterte. Im Jahr 2004 lag die Sparquote bei knapp 11 Prozent. Die Sparquote ist das Verhältnis der Sparsumme zum verfügbaren Einkommen. Allerdings sparten die Deutschen Anfang der neunziger Jahre 13 Prozent ihres verfügbaren Einkommens. In den Siebzigern und Achtzigern schwankte die westdeutsche Sparquote um 14 Prozent. Den Höhepunkt stellte das Jahr 1976 mit 16,2 Prozent. Im Jahre 2003 legte jeder Bundesbürger durchschnittlich 1 834 Euro an Ersparnissen zurück. Damit liegen die Deutschen im internationalen Vergleich im Mittelfeld. Führend aber sind die Italiener.

Sparquoten in Europa: große Unterschiede

Sparquoten im internationalen Vergleich in Prozent

Italien	15,0
Belgien	14,3
Portugal	12,5
Spanien	11,6
Niederlande	11,2
Frankreich	11,1
Deutschland	10,7
Österreich	8,5
Schweden	8,0
Großbritannien	5,7

Quelle: Bundesverband deutscher Banken

Ein lebenslanges Thema: Steuern

Steuern spielen bei finanziellen Entscheidungen häufig eine Rolle – allerdings ist die Suche nach der steuerlichen Optimierung nur für die wenigsten wirklich sinnvoll. So genannte Abschreibungsmodelle sind nur für diejenigen mit höheren Steuersätzen rentabel, zudem funktionieren sie nicht immer und sind im schlechtesten Fall ein Zuschussgeschäft. Deswegen sollten Steuern nicht der zentrale Ausgangspunkt der Vermögensanlage oder Kreditaufnahme sein.

Steuern sollten nicht das entscheidende Kriterium sein.

Die Einflussnahme des Staates bei der Geldanlage gilt aber auch umgekehrt. Viele Vorsorgeprodukte werden nur durch die staatliche Förderung attraktiv. Sehr häufig nehmen die Bürger solche Finanzspritzen vom Staat gerne »mit« – beispielsweise bei Altersvorsorge oder Baufinanzierung. Dieses Verhalten wird von Banken und Versicherern noch unterstützt. Es ist aber keineswegs selbstverständlich, dass die staatliche Förderung bis zum Ende der Laufzeit besteht, was dazu führen kann, dass die ursprünglichen Prognosen nicht eintreffen – und das Produkt im Nachhinein unattraktiv wird. Vor Abschluss einer vom Staat unterstützten Geldanlage sollten Sinn und langfristige Tragfähigkeit der Finanzentscheidung genau überdacht werden.

Nun überall gängig: das Halbeinkünfteverfahren

Prinzipiell gilt seit Anfang 2002 das Halbeinkünfteverfahren. Das bedeutet, dass Dividenden und andere bestimmte steuerpflichtige Erträge von Kapitalanlagen zur Hälfte steuerpflichtig sind. Betroffen sind neben Dividenden und Erträgen aus Aktienfonds nun auch Kapitallebensversicherungen bei Auszahlung frühestens mit 60 Jahren und nach Ablauf von 12 Jahren.

Zinsen werden mit dem persönlichen Steuersatz auf die volle Summe berechnet, abzüglich Sparerfreibetrag und Werbungskosten. Der Sparerfreibetrag beträgt derzeit 1 370 Euro für Alleinstehende und für Ehepaare 2 740 Euro. Die Werbungskostenpauschale beträgt 51 Euro pro Person bzw. 102 Euro für Verheiratete. Dass heißt, dass Zinsen und die Hälfte der Dividendenerträge pro Person bis zu der addierten Bemessungsgrenze von 1 421 Euro (Alleinstehende) bzw. 2 842 Euro (Ehepaare) steuerfrei bleiben. Dieser Sparerfreibetrag wird wirksam, wenn man so genannte Freistellungsaufträge für Kapitalerträge, die für Sparbücher, Depots oder diverse Konten gelten, bei einem Kreditinstitut veranlasst hat.

Sparerfreibetrag

Diese Steuerregelung betrifft also auch alle Anleihen wie Bundeswertpapiere oder auch Pfandbriefe und die üblichen Bankprodukte sowie z. B. Renten- und Geldmarktfonds.

Der Sparerfreibetrag ist auch bei der Zahlung von Dividenden, die von Aktiengesellschaften ausgeschüttet werden, wichtig. Dividenden sind mit dem persönlichen Steuersatz nach dem Halbeinkünfteverfahren zu besteuern. Abgezogen wird dabei der Sparerfreibetrag.

Aktien: Spekulationsfrist beachten

Spekulationsfrist

Die Spekulationsfrist bei Aktien für private Veräußerungsgeschäfte (früher: Spekulationsgeschäft) beträgt ein Jahr. Der Gewinn/Verlust aus dem privaten Veräußerungsgeschäft (früher: Spekulationsgewinn/-verlust) bei Wertpapieren ergibt sich aus der Differenz von Verkaufs- und Kaufpreis, jeweils unter Berücksichtigung der Nebenkosten, wie z. B. Kauf- und Verkaufsspesen. Steuerpflichtig wird der Gewinn aus privaten Veräußerungeschäften erst ab einem Betrag von 512 Euro oder 1024 Euro (pro Kalenderjahr) bei Verheirateten, die gemeinsam Depotinhaber sind. Ist der Gewinn aus Aktienanlagen entstanden, ist der entsprechende Saldo – durch das Halbeinkünfteverfahren – nur zur Hälfte steuerpflichtig. Analog kann auch ein realisierter Verlust nur zur Hälfte abgezogen werden. Angefallene Verluste aus privaten Veräußerungsgeschäften dürfen nur mit Gewinnen aus privaten Veräußerungsgeschäften verrechnet werden, unabhängig davon, um welche Art von Geschäft es sich handelt. Übersteigt am Ende eines Jahres die Summe der Verluste aus privaten Veräußerungsgeschäften die der Gewinne, verbleibt ein negativer Saldo.

Verlustvortrag

Es besteht dann die Möglichkeit, den Verlust ein Jahr zurück- und/oder unbegrenzt vorzutragen und mit in den betreffenden Perioden entstandenen Gewinnen aus privaten Veräußerungsgeschäften zu verrechnen. Voraussetzung dafür ist, dass die Verluste im Entstehungsjahr in der Steuererklärung angegeben werden. Diese steuerlichen Regelungen gelten z. B. für Aktien und Aktienfonds.

Kapitallebensversicherungen und private Rentenversicherungen

Neu seit 2005 ist die Versteuerung der Erträge aus Kapitallebensversicherungen und ähnlichen Finanzprodukten wie fondsgebundenen Lebensversicherungen. Nur bis Ende 2004 bestand das Steuerprivileg. Die Kapitalerträge waren nach 12 Jahren steuerfrei. Für Neuabschlüsse gilt nun, dass die Hälfte der Erträge steuerpflichtig ist. Erträge, die vor dem 60. Geburtstag ausgeschüttet werden, sind vollständig zu versteuern.

Ende des Steuerprivilegs

Auch bei privaten Rentenversicherungen gibt es seit 2005 Neuerungen: Bei Auszahlung in Form einer Rente gab es vor 2005 den steuerpflichtigen Ertragsanteil, der beispielsweise mit 65 Jahren bei 27 Prozent lag. Nun sinkt dieser bei Bezug mit 65 Jahren auf 18 Prozent. Das gilt für neue und auch für bereits laufende Privatrentenverträge.

Alter bei Rentenbeginn	Ertragsanteil	Ertragsanteil
in Jahren	in Prozent bis 2004	in Prozent seit 2005
54	39	27
55	38	26
56	37	26
57	36	25
58	35	24
59	34	23
60	32	22
61	31	22
62	30	21
63	29	20
64	28	19
65	27	18
66	26	17
67	25	16
68	23	15
69	22	14
70	21	13
71	20	12
72	19	11
73	18	10
74	17	9
75	16	8

Seit 2005 wird der Ertragsanteil nur noch auf private Renten angewendet.

Immobilien und Steuern

Prinzipiell sind Erträge aus Vermietung und Verpachtung mit dem persönlichen Steuersatz zu versteuern. Hier können zuvor Werbungskosten abgezogen werden. Und: Eine Spekulationsfrist gibt es auch bei Immobilien. 1999 wurde die Spekulationsfrist von zwei auf zehn Jahre verfünffacht. Veräußerungen, die auf einem nach dem 31. Dezember 1998 abgeschlossenen Vertrag beruhen, unterliegen demnach der Einkommensteuer, wenn der Zeitraum zwischen Anschaffung und Veräußerung nicht mehr als zehn Jahre beträgt.

Spekulationsfrist

Die Regelung gilt nicht nur beim Verkauf eines Haus, einer Eigentumswohnung oder eines Grundstücks, sondern auch für den Verkauf von Rechten, die unter die Vorschriften des bürgerlichen Rechts über Grundstücke fallen, wie zum Beispiel Erbbaurechte.

Ausnahme Eigennutzung

Ausnahmen bilden die eigengenutzten Immobilien. Hier bleibt ein Veräußerungsgewinn steuerfrei, sofern das Objekt zwischen Kauf und Verkauf ausschließlich eigenen Wohnzwecken gedient hat. Voraussetzung ist entweder, dass die Immobilie vom ersten Tag an bis zum Verkauf selbst genutzt wurde oder dass sie mindestens im Jahr des Verkaufs und den beiden Vorjahren eigenen Wohnzwecken gedient hat. Es reicht also nicht aus, wenn Vermieter kurz vor der geplanten Veräußerung für wenige Monate die Immobilie selbst bewohnen.

Positiver Nebeneffekt für alle, die nach der Spekulationsfrist von zehn Jahren ihre Immobilie veräußern: Sie dürfen sicher sein, dass das Finanzamt das Objekt bei der Prüfung der Voraussetzungen für einen gewerblichen Grundstückshandel außen vor lässt. Nach der Rechtsprechung der Finanzgerichte ist bei einer Veräußerung nach zehn Jahren regelmäßig davon auszugehen, dass die Einkünfteerzielungsabsicht im Vordergrund steht.

Als Spekulationsgewinn wird die Differenz zwischen dem Veräußerungspreis und den Anschaffungs- oder Herstellungskosten beschrieben. Angefallene Nebenkosten wie Grunderwerbsteuer, Notarkosten oder Maklergebühren sind dabei zu berücksichtigen. Bei allen Immobilien, die nach dem 31. Juli 1995 angeschafft oder hergestellt worden sind, erhöht sich der Veräußerungsgewinn um die während der Haltedauer in Anspruch genommenen steuerlichen Aufwendungen für Abschreibungen.

Spezialfall offene Immobilienfonds

Steuerliche Bevorzugung

Steuerlich bevorzugt sind offene Immobilienfonds. Bis zu zwei Drittel des Wertzuwachses können steuerfrei sein. Denn Anleger müssen lediglich den Anteil der Ausschüttung versteuern, der den Netto-Mieterträgen entstammt. Sämtliche Kosten für Verwaltung, Instandsetzung oder Reparaturen der im Fonds enthaltenen Immobilien werden vorher abgezogen. Hinzu kommen Abschreibungen, die steuerlich als Verluste gelten. Im Gegensatz zu anderen Finanzprodukten lassen sich Gewinne offener Immobilienfonds also zu einem Großteil vereinnahmen. Dies gilt besonders für solche Fonds, die stark im Ausland präsent sind. Hierdurch erhöht sich nämlich der steuerfreie Anteil der Ausschüttung, da die ausländischen Steuersätze in der Regel niedriger als in Deutschland sind.

Steuerliche Behandlung der Erträge aus Geldanlagen

Finanzprodukt	Steueraspekt
Tagesgeld	auf Freibetrag achten
Banksparpläne	auf Freibetrag achten
Anleihen/festverzinsliche Wertpapiere	auf Freibetrag achten
Bundespapiere	auf Freibetrag achten
Bundesschatzbriefe	auf Freibetrag achten
Pfandbriefe	auf Freibetrag achten
Aktien	Spekulationsfrist!
Aktienfonds	Spekulationsfrist!
Offene Immobilienfonds	steuerlich bevorzugt
Indexnahe Fonds	Spekulationsfrist!
Rentenfonds	auf Freibetrag achten
Indexzertifikate	Spekulationsfrist!
Kapitallebensversicherung	neu seit 2005
Fondsgebundene Lebensversicherung	neu seit 2005
Rentenversicherung	neu seit 2005
Unternehmensanleihen	auf Freibetrag achten
Wohnimmobilie	Spekulationsfrist!
Vermietete Immobilie	Spekulationsfrist!

Zusammenfassung

Man muss kein Wirtschaftsexperte sein, um Geld anlegen zu können. Doch einige wichtige Aspekte sollten jedem bekannt sein, um die individuell richtige Wahl zu treffen. So sollte man sich selbst und die Finanzprodukte, die man im Auge hat, im so genannten Renditedreieck positionieren können, um sich über das richtige Verhältnis zwischen Liquidität, Rendite und Sicherheit/Risiko im Klaren zu sein. Verstehen sollte man auch, welchen Einfluss Zins/Zinseszins und die Inflation auf das eigene Kapital haben. Als Modell für die Auswahl von Finanzprodukten dient das Terrassenmodell, das in diesem Kapitel erklärt wurde. Zehn Prozent des Nettoeinkommens sollten Arbeitnehmer monatlich in ihre Altersvorsorge investieren. Bei der Auswahl des richtigen Finanzproduktes ist der Steueraspekt zwar zu berücksichtigen, aber nicht allein ausschlaggebend.

Terrassenmodell als Königsweg

Tipps für die verschiedenen Geldtypen

Souveräne

Sachverstand, Interesse und Spaß an Finanzthemen sowie die Bereitschaft, kalkulierbare Risiken einzugehen, bilden die Basis Ihrer geldaktiven Einstellung. Es ist für Sie eine Herausforderung, in Finanzfragen fit zu sein. Lassen Sie sich durch die Lektüre des Kapitels dazu anregen, sich vor allem mit den grundlegenden Aspekten der Geldanlage zu beschäftigen.

Ambitionierte

identifizieren sich in hohem Maße mit der Welt des Geldes und sehen es durchaus als persönlichen Prestigegewinn, wohl situiert, erfolgreich und in finanziellen Dingen kompetent zu sein. Bedenken Sie, dass die steuerliche Seite einer Anlage nur ein Aspekt von mehreren ist.

Vorsichtige

setzen schon auf Vermögensplanung und Altersvorsorge. Langfristige und sichere Geldanlagen genießen bei Ihnen Priorität, stehen finanziellen Chancen aber mitunter auch im Wege, wenn Sie die Rendite außer Acht lassen. Nutzen Sie das aufgeführte Terrassenmodell, um Ihre Geldanlagen zu optimieren.

- **Pragmatiker**

kümmern sich durchaus um ihre finanzielle Absicherung. Ihnen ist es wichtig, dass der zeitliche Aufwand bei Finanzfragen nicht übermäßig ist. Sie sind mit den im Kapitel genannten Grundlagen ausreichend versorgt. Allerdings sollten Sie bei Ihrem aktiven Informationsverhalten weniger misstrauisch gegenüber Finanzexperten sein, damit Sie ihre Möglichkeiten voll ausschöpfen können.

- **Delegierer**

wissen, dass sie sich um ihre finanzielle Situation kümmern müssen. Sie fühlen sich aber dazu nicht in der Lage und überlassen diese Aufgabe lieber den Fachleuten. Kennzeichnend für diesen Geldtyp ist daher das Vertrauen in Finanzprofis und der Wunsch, sich »selbst um nichts kümmern« zu müssen. Gerade für Sie ist es empfehlenswert, sich Stück für Stück in die neue Materie einzuarbeiten – damit mittelfristig selbst ein Teil der Verantwortung übernommen werden kann.

- **Bescheidene**

Für Bescheidene gehört das Thema Geld zur Intimsphäre und geht nur den engsten Familien- und Freundeskreis etwas an. Finanzielle Fragen erzeugen eventuell Angst, wahrscheinlich Unsicherheit und Vermeidungsverhalten. Machen Sie sich in diesem Kapitel mit den Ihnen vielleicht bislang unbekannten positiven Seiten der Geldanlage vertraut und nähern Sie sich dem Vorschlag Terrassenmodell.

- **Leichtfertige**

Vorsorgefatalismus ist besonders charakteristisch für die optimistisch gestimmten Leichtfertigen: Sie leben im Hier und Jetzt, verdrängen die Zukunft und hoffen, dass sich alles schon irgendwie regelt. Doch machen Sie sich Ihr Handeln bewusst. Beispielsweise indem Sie für einige Zeit ein Haushaltsbuch führen. Das kann Ihnen zeigen, wo Ihr Geld bleibt, wie nötig eine gewisse Planung ist. Ganz besonders für Ihr Alter.

- **Überforderte**

Die negative Grundhaltung gegenüber Finanzthemen führt oft dazu, dass die betroffenen Menschen das Thema verdrängen und dann schnell in eine finanzielle Schieflage kommen können. Prägen Sie sich die in diesem Kapitel genannten Grundlagen ein – damit haben Sie schon einen wichtigen Schritt getan. Scheuen Sie sich nicht, nach weiteren Erklärungen zu fragen – beispielsweise im Beratungsgespräch –, und lassen Sie sich nicht von unverständlichen Produktbeschreibungen abschrecken.

Das Angebot an Geldanlageprodukten ist riesig. Hier die richtige Auswahl zu treffen, überfordert nicht selten auch Anlageprofis. Dieses Kapitel liefert Ihnen einen Überblick über die wichtigsten Anlageformen und was es dabei zu beachten gilt.

Wie kann ich Geld anlegen?

Leitfrage aus dem Kanon der finanziellen Allgemeinbildung

Wie kann man Geld anlegen?

Die wichtigsten Bewertungshilfen für Geldanlagen, nämlich Liquidität, Sicherheit und Rendite, haben Sie im vorangegangenen Kapitel bereits kennen gelernt. Dabei ist auch Ihre augenblickliche Einkommens- und Lebenssituation – Stichwort Terrassenmodell – für die Auswahl einer passenden Geldanlage entscheidend. Grundsätzlich gibt es nur zwei Arten, wie Sie Ihr Geld anlegen können. Sie verleihen es jemandem oder Sie beteiligen sich an etwas. Alle Finanzprodukte lassen sich in diese beiden Anlageformen einordnen.

Terrassenmodell

Zwei Alternativen: Geld verleihen oder sich beteiligen

Beim Verleihen gibt man einen Kredit, überlässt also jemandem sein Geld. Der Schuldner (Kreditnehmer) macht dafür die vertragliche Zusage, dass der Gläubiger (Kreditgeber) sein Geld am Ende der Laufzeit nebst Zinsen zurückerhält. Die Renditen sind üblicherweise niedrig bis mittel. Das eigentliche Risiko besteht darin, ob der Schuldner bis zum Ende auch wirklich zahlungsfähig bleibt. Schuldner können dabei Unternehmen, der Staat oder auch die eigene Hausbank sein.

Anders dagegen die Beteiligungsformen, wie z. B. Aktien. Hier erwirbt man mit seinem Geld einen Anteil an einem Unternehmen. Deshalb erhält der Anleger das eingesetzte Geld nach einer vereinbarten Frist nicht automatisch zurück und es werden auch keine Zinsen versprochen. Im normalen Fall bekommt man sein Geld über einen Verkauf der Aktien/Beteiligungen an einen Dritten zurück. Und es besteht die Chance, vom Gewinn eines Unternehmens durch Dividenden und Kurssteigerungen zu profitieren. Im schlechtesten Fall ist das investierte Kapital weg.

Geld verleihen – kreditähnliche Anlagen

Tages- und Termingelder – gut zum Geldparken

Kurzsteckbrief: Tages- und Termingelder

Verleihen/Beteiligen:	Verleihen
Terrassenmodell:	Terrasse 2
Emittent/Anbieter:	Banken
Anlagehorizont:	kurzfristig
Liquidität/Flexibilität:	hoch
Rendite/Risiko:	niedrig

Für den Notfall oder für einen kurzfristigen finanziellen Engpass brauchen Sie einen Notgroschen. Geldanlagen für diese Situation haben zwei Merkmale: Sie sind sehr liquide. Das bedeutet, man kommt schnell und problemlos wieder an sein Geld. Das bedeutet aber auch: Sie sind nicht sehr renditestark. Anleger bekommen in diesen Geldanlagen zwar Zinsen, aber deren Höhe orientiert sich an den relativ kurzen Zeitspannen, in denen Banken mit dem Geld arbeiten können. Das bedeutet für Sie: Hinterlegen Sie als Notreserve nur eine Summe in Höhe von zwei bis drei monatlichen Nettoeinkommen.

Zwei bis drei monatliche Nettoeinkommen als Notreserve

Mit Tagesgeldern können Sie kurzfristig Geld parken und ein Reservepolster für Unvorhergesehenes oder für spätere Anlageentscheidungen bilden. Tagesgeld ist beliebt. Gründe dafür sind das einfache Handling, die tägliche Verfügbarkeit und das Fehlen von Kündigungsfristen. Zudem sind Tagesgelder sicher. Die hier gelagerten Gelder sind im Falle eines Konkurses der Bank häufig, aber nicht immer durch den Einlagensicherungsfonds der Banken gedeckt. Direktbanken bieten oft interessante Konditionen.

Bei Fest- oder Termingeldern liegt ein bestimmter Betrag 30 Tage, drei Monate oder ein Jahr fest. Hier kann es in Hochzinsphasen interessante Renditen geben. In Niedrigzinsphasen können Festgelder naturgemäß nur niedrige Zinsen bieten. Zum kurzfristigen Geldparken eigenen sich außerdem hervorragend Geldmarktfonds, die unter Investmentfonds besprochen werden.

Bundesschatzbriefe, Obligationen und andere Anleihen – fest mit Zinsen rechnen

Kurzsteckbrief: Anleihen/festverzinsliche Wertpapiere

Verleihen/Beteiligen:	Verleihen
Terrassenmodell:	Terrasse 3
Emittent/Anbieter:	Staat, Banken und Unternehmen
Anlagehorizont:	kurz- bis mittelfristig
Liquidität/Flexibilität:	hoch
Rendite/Risiko:	mittel

»Renten«

Festverzinsliche Wertpapiere werden auch als Renten bezeichnet, da ihre regelmäßigen und sicheren Ausschüttungen wie Renten sind. Mit dem Kauf eines solchen festverzinslichen Papiers vergeben Sie ein Darlehen – an den Bund, ein Unternehmen oder andere Schuldner. Und das können auch schillernde Schuldner sein: 1997 lieh sich der britische Popmusiker David Bowie zu seinem 50. Geburtstag 55 Millionen US-Dollar – über die Emission einer Anleihe mit zehn Jahren Laufzeit. Als Sicherheit dienten die Einnahmen aus Bowies Songs. Die Anleihe fand große Nachfrage, denn der Musiker verzinste mit 7,9 Prozent jährlich. Das waren damals 1,5 Prozent mehr als die Vereinigten Staaten für ihre Anleihen zahlten.

Bundespapiere

Weitaus weniger renditestark sind da die festverzinslichen Wertpapiere, die unser Staat herausgibt. Die Papiere mit dem Bundesadler sind für Börseneinsteiger, konservative Anleger und Sicherheitsbewusste als klassische Kapitalanlage eine gute Wahl. Sie sind risikofrei, denn die Bundesrepublik Deutschland ist ein erstklassiger Schuldner. Immerhin steht der Staat mit seinem Vermögen und Steueraufkommen dafür gerade – letztlich also der Steuerzahler selbst. Ein weiterer Vorteil ist die gesicherte und – je nach Marktlage – meist akzeptable Rendite der Bundespapiere. Zudem verfügen sie über ein eingebautes Umtausch- oder Ausstiegsrecht. Die hohe Flexibilität der Produkte ermöglicht es, zunächst auf Bundespapiere zu setzen und dann abzuwarten, wie der eigene Geldbedarf und die Marktzinsen sich entwickeln. Je nach Lage steigt man einfach aus oder um.

Für die Käufer sind die Bundespapiere eine Geldanlage, für den Staat eine Möglichkeit der Geldbeschaffung. Dabei stellt das Finanzministerium die Papiere aus und verkauft sie über die Banken.

Bundespapiere – die Übersicht
Je nach Laufzeit bietet der Staat verschiedene Produkte an.

1 oder 2	Jahre	Finanzierungsschätze
2	Jahre	Bundesschatzanweisungen
5	Jahre	Bundesobligationen
6	Jahre	Bundesschatzbriefe Typ A
7	Jahre	Bundesschatzbriefe Typ B
10	Jahre	Bundesanleihen
30	Jahre	Bundesanleihen

»Bundes-schätzchen«

Je nach Laufzeit (ein bis zehn oder gar 30 Jahre) bietet der Staat verschiedene Produkte an. Doch nur die Bundesschatzbriefe eignen sich zum allmählichen Vermögensaufbau. Und damit wurden sie zu einem echten Bestseller. Charakteristisch für das nicht börsengehandelte Wertpapier, oft liebevoll »Bundesschätzchen« genannt, ist die Zinstreppe: ein Jahr für Jahr nach einem festen Plan ansteigender Zins. Und das bringt nach und nach mit den Jahren eine gute Rendite. Der Bund konzipierte diese mittelfristigen Schuldverschreibungen im Jahr 1969 für Kleinanleger.

Rendite in Stufen: Bundesschatzbriefe Typ A und Typ B

	Zins in Prozent Typ A und B	Rendite Typ A	Rendite Typ B
1. Jahr	1,75	1,75	1,75
2. Jahr	2,25	2,00	2,00
3. Jahr	3,00	2,32	2,33
4. Jahr	3,50	2,61	2,62
5. Jahr	4,00	2,87	2,90
6. Jahr	4,75	3,15	3,20
7. Jahr	nur Typ B 5,00	–	3,46

Stand: Oktober 2004

Bevorzugt: Bundesschätzchen

Bundesschatzbriefe werden in zwei Varianten ausgegeben: Typ A hat eine Laufzeit von sechs Jahren. Die Zinsen werden jährlich überwiesen.

Typ A

Typ B dagegen läuft ein Jahr länger und weist die bessere Rendite auf. Denn die Zinsen werden während der Laufzeit automatisch mit angelegt und zusammen mit dem Kapital bei Fälligkeit ausbezahlt. Damit ist der Bundesschatzbrief B ein so genanntes thesaurierendes Rentenpapier, das seine Verzinsung erst am Ende auf einen Schlag ausschüttet. Die geringen Renditeunterschiede sollten keine Rolle bei der Wahl der Variante spielen. Entscheidend sind dagegen die steuerlichen Aspekte. Für die meisten dürfte Typ A empfehlenswert sein, weil sich die Steuerlast über die Jahre verteilt.

Typ B

Die Beliebtheit der »Schätzchen« entstand zu einem Großteil durch die sparerfreundliche Sperrfrist. Denn diese ist nur ein Jahr lang. Das heißt für den Anleger: Das Kapital in Bundesschatzbriefen ist nach dem ersten Jahr immer verfügbar. Einzige Beschränkung: Innerhalb von 30 Zinstagen dürfen Alleinstehende nur 5000 Euro einlösen, Ehepaare dagegen das Doppelte. Dieses flexible Rückgaberecht wird im Fachjargon »Gläubigerkündigungsrecht, das eine Verkaufsoption darstellt«, genannt. Für dieses Recht müsste man auf dem übrigen Kapitalmarkt einen hohen Preis zahlen. Für den Anleger ein nicht zu unterschätzender Vorteil: Er bleibt somit äußerst flexibel. Er kann nach seinen persönlichen Wünschen handeln und aussteigen oder bei Zinsanstiegen kostenlos umsteigen – auf eine neuere Serie Bundesschatzbriefe oder eine andere Anlageform.

Nur ein Jahr Sperrfrist

Vorteil: Flexibilität

Ursprünglich waren Bundesschatzbriefe nur für die Einmalanlage, also die Anlage von größeren Kapitalbeträgen, gedacht. Doch 1993 wurde der Mindestsparbetrag auf 100 Mark herabgesetzt. Seitdem kann man diese Wertpapiere des Bundes per Sparplan, also in Raten, kaufen. So sind sie als Ansparanlage zum allmählichen Vermögensaufbau interessant, übrigens auch für »krumme« Beträge. Zudem ist es möglich, angespartes Geld per Auszahlplan überweisen zu lassen. Bundesschatzbriefe sind als Daueremissionen jederzeit erhältlich.

Sparplan

Bundespapiere: Kostenloser Kauf und Deponierung

Für von Gebühren geplagte Anleger hält der Bundesfinanzminister ein Trostpflaster bereit. Die Papiere mit dem Bundesadler bieten einen weiteren geldwerten Vorteil: Sie verursachen dem Anleger keine Kosten. Für Kauf, Wertpapier-Depot und Verkauf werden normalerweise Gebühren verlangt, welche die Rendite schmälern. Doch Bundespapiere zu kaufen oder zu verkaufen ist kostenfrei. Und die Bundeswertpapierverwaltung ist als Behörde Ihr kostenloser Depot-

Kauf und Verkauf sind kostenfrei.

verwalter für sämtliche öffentliche Anleihen von Bund, Bahn und Post. Dazu muss lediglich ein Schuldbuchkonto eröffnet werden. Die Kontoführung läuft bei der Bundeswertpapierverwaltung wie bei einem normalen Bankdepot.

Weitere Informationen:
www. bundeswertpapiere.de
Servicecomputer: 061 72/10 89 30
Aktuelle Konditionen:
www.bundesbank.de/download/kredit/kredit_konditionen_aktuell.pdf

Auch so kann man Geld anlegen: mit Unternehmensanleihen

Corporate Bonds

Ein weiteres Beispiel für sichere Geldanlagen sind gute Unternehmensanleihen (englisch: Corporate Bonds) von Firmen mit ausgezeichnetem Rating aus dem Euroraum. Unternehmensanleihen werden auch Industrieobligationen genannt. Es sind von Unternehmen herausgegebene festverzinsliche Wertpapiere mit festgelegter Laufzeit, bei denen der Zinssatz von vornherein feststeht. Mit einem Kauf leiht der Gläubiger dem Herausgeber der Anleihe Geld. Dabei steht von Beginn an fest, wann er sein Kapital zurückerhält – und zwar zu 100 Prozent. Als Gegenleistung bekommen die Anleger jedes Jahr den Zinsertrag. Anleger sollten sich bei der Auswahl nach dem wichtigsten Auswahlkriterium, dem Rating, herausgegeben von so genannten Rating-Agenturen, als Orientierung und objektivem und fundiertem Qualitätsmaßstab richten. Als sicherheitsbewusster Anleger sollten Sie nur Anleihen von Schuldnern wählen, denen mindestens eine Bonität von A zuerkannt wurde. Bei einem guten Unternehmen und einer interessanten Rendite ist im Einzelfall sicherlich auch ein BBB hinzunehmen.

Das ABC des Ratings

Rating	Bonitätseinstufung	Erläuterung
AAA	sehr gut	Höchste Bonität, die Zahlungen gelten als sicher. Die erstklassigen Papiere bergen für Anleger ein ausgesprochen geringes Risiko. Die Herausgeber besitzen absolute Zuverlässigkeit. Die Rückzahlung des Kapitals wird als sicher angesehen.
BBB	befriedigend	Durchschnittliche Bonität, Fähigkeit zur Zahlung von Zins und Tilgung wird von der allgemeinen Wirtschaftslage beeinflusst. Wertpapiere von mittlerer Qualität. Die Sicherung von Zins- und Kapitalrückzahlungen erscheint gegenwärtig angemessen. Aber es fehlen bestimmte Gütekriterien, oder die Schuldner stellen sich längerfristig als nicht verlässlich heraus. Derartige Schuldverschreibungen lassen eine hochgradige Investmentqualität vermissen und bergen bereits spekulative Elemente in sich.
CCC	ungenügend	Große Risiken und Ungewissheiten. Anleihen von minderer Qualität. Es besteht die Gefahr, dass die Anleihe Not leidend und nur mit Mühe bedient wird.
D	zahlungsunfähig	Schuldner ist in Zahlungsverzug oder der Konkurs droht. Anleihe ist Not leidend. Erfolgen Zins- oder Tilgungszahlungen nicht fristgerecht, bedeutet dies Ausfall – ein Default (auf deutsch: Unterlassung).

Angenehm: Corporate Bonds bieten alle Laufzeiten. Hier kann man sich kurz- und langfristig binden. So sind Unternehmensanleihen bei attraktiven Renditen ebenso für das Geldparken geeignet wie für mittel- und langfristige Engagements. Bei Unternehmensanleihen in Euro droht Ihnen kein Währungsrisiko. Sicherheitsorientierte Anleger sollten Corporate Bonds bis zum Ende der Laufzeit halten. Dann sind keine Wertschwankungen zu befürchten. Kursänderungsrisiken müssen nur von Anleihebesitzern berücksichtigt werden, die ihre Anleihen vor Ende der Laufzeit verkaufen.

Kurz- und langfristige Anlage

Pfandbriefe – gar nicht langweilig

Pfandbriefe sind eine Erfindung von Friedrich dem Großen aus dem Jahr 1771 – sie scheinen traditionell, grundsolide und langweilig zu sein. Pfandbriefe sind – wie der Name schon sagt – durch ein Pfand gesichert. Das Pfand ist ein verbrieftes Recht an Grund und Boden (Hypothek). Für Gläubiger bieten sie die höchste Sicherheit: Die Papiere sind durch die vorgeschriebene erstklassige Sicherheit der Kreditnehmer gedeckt. Außerdem haften die Banken mit ihrem gesamten Vermögen. Ein weiterer Pluspunkt ist die attraktive Rendite.

Höchste Sicherheit

Pfandbriefe werden größtenteils an der Börse gehandelt und ihr Kurswert wird täglich festgelegt. Auch hier sind Schwankungen möglich, beispielsweise aufgrund von Änderungen von Angebot und Nachfrage, der allgemeinen Zinsentwicklung des Kapitalmarktes und den Inflationserwartungen. Allerdings sind die Schwankungen nicht mit denen des Aktienmarktes zu vergleichen. Die Zinsen eines Pfandbriefes liegen wie bei allen festverzinslichen Wertpapieren für die gesamte Laufzeit fest und werden jährlich ausgezahlt. Trotzdem kommt man bei Bedarf immer an sein Geld, denn der Verkauf ist börsentäglich möglich. Allerdings kann sich die Rendite durch Kursverluste und Gebühren verringern.

Sparbuch – beliebter Klassiker

Kurzsteckbrief: Sparbuch

Verleihen/Beteiligen:	Verleihen
Terrassenmodell:	Terrasse 3
Emittent/Anbieter:	Banken
Anlagehorizont:	mittelfristig
Liquidität/Flexibilität:	mittel
Rendite/Risiko:	niedrig

Das Sparbuch ist und bleibt ein Klassiker. In dem kleinen Buch, das man meist schon in der Schulzeit führt, werden alle Ein- und Auszahlungen sowie die Zinsgutschriften aufgelistet. Hier werden die Geldgeschenke wie die zur Konfirmation verewigt. In Zeiten des Aktienbooms geriet das Sparbuch fast in Vergessenheit, brachte aber in den folgenden schlechten Börsenjahren mehr Rendite und sichere dazu. Das gute alte Sparbuch gibt es seit 1934. Und noch immer ist die angestaubte graue Dame bei den Deutschen eine beliebte Sparmöglichkeit.

Im Oktober 2004 lagerten auf Sparbüchern nach Informationen der Deutschen Bundesbank mehr als 500 Milliarden Euro. Nach der Novelle des Kreditwesengesetzes von 1993 gilt beim Standard-Sparbuch eine dreimonatige Kündigungsfrist. Seit der Einführung des Euro dürfen monatlich 2000 Euro abgehoben werden. Wird ein größerer Betrag früher benötigt, dann kann die Bank einen Ersatz für die verlorene Anlagezeit, so genannte Vorschusszinsen, verlangen. Das zeigt: Ein Sparbuch ist für den Notgroschen gedacht – keinesfalls für das Ansammeln von Geld für größere Anschaffungen über 2000 Euro, die möglicherweise kurzfristig getätigt werden sollen. Zudem sind Sparbücher Inhaberpapiere. Das heißt: Jeder, der im Besitz des Sparbuches ist, kann Abhebungen vornehmen. Daher gilt es, den

Monatlich dürfen 2 000 Euro abgehoben werden.

Verlust des Sparbuches der Bank zu melden – die Auszahlung kann damit vorläufig gesperrt werden. Sparbuchbesitzer sollten aber aufpassen, dass ihre Verzinsung über der Inflationsrate liegt – sonst betreiben Sie Kapitalvernichtung. Üblicherweise werden Geldmarktfonds und Tagesgelder besser verzinst. Allerdings gibt es auch immer mal wieder interessante Angebote auf dem Markt. Oftmals gelten höhere Verzinsungen dann aber nur für einen begrenzten Zeitraum.

Bausparen – nicht nur für Häuslebauer

Kurzstreckbrief: Bausparen

Verleihen/Beteiligen:	Verleihen
Terrassenmodell:	Terrasse 3
Emittent/Anbieter:	Bausparkassen
Anlagehorizont:	mittelfristig
Liquidität/Flexibilität:	niedrig
Rendite/Risiko:	niedrig

Insgesamt gibt es hierzulande etwa 33 Millionen Bausparverträge. Laut Zahlen des Statistischen Bundesamtes lag die Zahl der Neuabschlüsse in 2003 bei 4,67 Millionen Verträgen. Für die Branche war das ein Rekordergebnis. Bausparen hat Tradition in Deutschland und bleibt beliebt.

Das Prinzip des Bausparens klingt zunächst einfach. Doch tatsächlich ist Bausparen ein kompliziertes Produkt. Das System besteht aus drei Phasen.

Die drei Phasen:

Phase 1: Zunächst kommt die so genannte Ansparphase mit regelmäßigen monatlichen Überweisungen, die zwischen drei und zehn Promille der vereinbarten Bausparsumme liegen.

Ansparphase

Phase 2: Diese beinhaltet das Warten auf die so genannte Zuteilung. Dann sind bereits 40 bis 50 Prozent der vereinbarten Bausparsumme angespart. Der Bausparer hat also die Hälfte des Geldes schon zusammen. Trotzdem muss der Betrag dann noch nicht, so der Fachterminus, zuteilungsreif sein. Bis zur Auszahlung können mehrere Monate ins Land gehen. Die ungewisse Wartezeit macht die Planung des richtigen Bau- und Kaufzeitpunktes schwierig.

Zuteilung

Erst wenn der Bausparer eine Mindestwartezeit – gesetzlich festgelegt: mindestens 18 Monate – ausgeharrt und seine so genannte Zielbewertungszahl erreicht hat, dann zahlt die Bausparkasse den gesamten Wohnungsbaukredit aus.

Phase 3: In der letzten Phase, der Darlehensphase, werden angespartes Guthaben und Darlehen ausgezahlt. Dabei sind die Darlehenszinsen moderat, was ja ein wesentlicher Grund für das Bausparen ist.

Auszahlung und Tilgung

Jetzt steht auch die schnelle Tilgung im Vordergrund. Sie orientiert sich an der Dauer der Einzahlung, meist nur wenige Jahre. Das bedeutet eine hohe monatliche Belastung. Üblicherweise sind die monatlichen Raten bei einer Hypothekenfinanzierung geringer. Sondertilgungen sind allerdings beim Bauspardarlehen jederzeit ohne zusätzliche Kosten möglich, was ein Vorteil ist.

Relativ hohe Abschlussgebühr

Grundsätzlich ist ein Bausparvertrag mit einer relativ hohen Abschlussgebühr (1 bis 1,6 Prozent der Vertragssumme) über eine bestimmte Bausparsumme zu unterzeichnen. Oft obligatorisch dabei: der Abschluss einer Risikolebensversicherung.

Den guten Ruf in der Bevölkerung dürfte das Bausparen von seinen Ursprüngen haben. Kurz vor Ende des letzten Jahrhunderts entstanden in Deutschland die ersten Bausparvereine, Selbsthilfegruppen einiger Bauwilliger, die gemeinsam in einer schwierigen Zeit Wohnraum finanzierten. Mittlerweile erfuhr die Branche einen erheblichen Wandel. Doch Bausparen bleibt ein Klassiker. Und dabei spielt es bei der Wohneigentums-Finanzierung – was die Höhe der finanzierten Beträge betrifft – nur eine untergeordnete Rolle. Die übliche Höhe eines Bauspardarlehens lag in den letzten Jahren bei etwa 20 000 Euro. Mit einem Bausparvertrag erhält man ein zinsgünstiges und für die Laufzeit des Vertrages zinsfestes Darlehen. Dafür liegen die Zinsen im Ansparzeitraum kaum über Sparbuch-Niveau.

Gutes Produkt für Sicherheit suchende Immobilienkäufer oder Bauherren

Bausparen ist ein gutes Produkt für Sicherheit suchende Immobilienkäufer oder Bauherren. Denn wer kein Risiko bei den Zinsen eingehen will, dem kommen die von vornherein festgelegten (und günstigen) Darlehenszinsen entgegen. Dabei lohnt sich der Neuabschluss eines Bausparvertrages vor allem in Niedrigzinsphasen. Der Zinsverlust ist dann relativ gering und der Bausparer muss bei der nachfolgenden Zinserhöhung keine steigenden Hypothekenzinsen fürchten.

Hypotheken- oder Bauspardarlehen – was günstiger ist, kann nur im Einzelfall geklärt werden. Bei einem Vergleich müssen auf beiden Seiten alle Kosten und Gebühren mit eingerechnet werden. Prinzipiell lohnt sich Bausparen nicht nur, wenn Sie wirklich eine Immobilie bauen, kaufen oder modernisieren wollen. Das angesparte Kapital kann auch für Aus- und Umbauen verwendet, Verwandten oder Freunden übertragen und für völlig andere Investitionen ausgegeben werden. So kann beispielsweise auch für Kinder oder Enkel angespart werden. In Niedrigzinsphasen bietet Bausparen attraktive Verzinsungen. Als Geldanlage lohnt sich Bausparen durch die staatlichen Zuschüsse (Arbeitnehmersparzulage und Wohnungsbauprämie) und vermögenswirksame Leistungen vom Arbeitgeber. Über die Einkommensgrenzen informiert ausführlich das später folgende Unterkapitel »Vermögenswirksame Leistungen«.

Kapitallebensversicherung und private Rentenversicherung – steuerlich nicht mehr bevorzugt

Kurzsteckbrief: Kapitallebensversicherung/ private Rentenversicherung

Verleihen/Beteiligen:	Verleihen
Terrassenmodell:	Terrasse 4
Emittent/Anbieter:	Versicherungen
Anlagehorizont:	langfristig
Liquidität/Flexibilität:	niedrig
Rendite/Risiko:	niedrig

Kombination aus Sparvertrag und Risikolebensversicherung

Die klassische Kapitallebensversicherung ist ein Paketprodukt aus Risikolebensversicherung und Sparvertrag. Sie kombiniert den Hinterbliebenenschutz mit einem langfristigen Sparvorgang. Im Todesfall wird von der ersten Beitragszahlung an die vereinbarte Versicherungssumme an die Familie ausgezahlt. Für den Erlebensfall wird ein so genannter Sparanteil für das Alter zurückgelegt. Dafür garantieren die Lebensversicherer eine Garantieverzinsung. Alle höheren Renditeversprechen sind unverbindliche Prognosen. Denn die Wertentwicklung ist abhängig von den Überschüssen, die die Versicherungsgesellschaft in Zukunft erwirtschaften kann. Dabei wird die Anlage der Versicherungsgelder durch das Versicherungsaufsichtsgesetz bestimmt. Nur 30 Prozent der Gelder dürfen in Aktien(-fonds) und 25 Prozent in Immobilien(-fonds) angelegt werden. Deswegen investieren die Versicherungen einen Großteil in festverzinsliche Wertpapiere. Der Versicherte erhält immer eine Überschussbeteiligung aus der erzielten Rendite, doch deren Höhe variiert. Sicher ist allein die Versicherungssumme. Im Unterschied zu anderen Geldanlagen weiß der Kunde beim Versicherungssparen nicht, wie viel Prozent Zinsen er wirklich für sein eingezahltes Kapital bekommt.

Wertentwicklung hängt von den Überschüssen ab.

Privatrente

Die Privatrente ist eine Verwandte der Kapitallebensversicherung, nur ohne Todesfallschutz und um diesen günstiger. Der große Vorteil der Privatrente ist die lebenslange Zahlung. Egal wie alt Sie werden, ob siebzig-, achtzig- oder hundertjährig, die private Rentenversicherung überweist auch, wenn Ihr eingezahltes Kapital rein rechnerisch schon verbraucht ist. Für den Abschluss einer privaten Rentenversicherung ist keine Gesundheitsprüfung erforderlich. Wie bei der Kapitallebensversicherung gilt eine garantierte Mindestverzinsung. Die privaten Rentenversicherer haben, wie auch die gesetzliche Konkurrenz, besser formuliert ihre Kunden, ein Problem: die steigende Lebenserwartung. Damit dürfte die Überschussbeteiligung gerade in Niedrigzinsphasen nicht üppig ausfallen. Die private Rentenversicherung bietet zwei grundsätzliche Varianten. Nach einer

Sofortrente

Einmalzahlung gibt es die so genannte Sofortrente, interessant für Menschen kurz vor oder im Rentenalter. Nach einer Kapitalüberweisung, beispielsweise aus einer Kapitallebensversicherung oder einem Sparplan, wird das Geld unmittelbar verrentet. Man kann dies auch anders formulieren: Die Privatrente ist eigentlich ein Auszahlungsplan mit einer lebenslangen Laufzeit. Das Gegenstück zur Sofortrente ist die so genannte aufgeschobene Rentenversicherung. Hier sammeln sich Beitragszahlungen in einem reinen Sparvertrag an, die dann im Alter als private Rente ausgezahlt werden.

Steuerprivileg gestrichen

Das Steuerprivileg endete am 31.12.2004.

Die guten Zeiten sind vorbei. Nach mehrmaligem Anlauf wurde die Heilige Kuh der Finanzwelt, das Steuerprivileg der Lebensversicherung, geschlachtet. Seit 2005 müssen die Erträge neuer Verträge zur Hälfte besteuert werden, wobei diese früher nach zwölf Jahren Laufzeit steuerfrei waren. Durch den Wegfall des Steuerprivilegs werden Kapitallebensversicherungen weniger attraktiv. Nach jahrelangem politischen Gerangel wurde die Versicherungsbranche zum Verlierer. Denn als langfristige Geldanlageform wurde allein die Lebensversicherung steuerlich bevorzugt. Eingeführt vom preußischen Finanzminister Miquel, wurde sie vehement von der Versicherungsbranche verteidigt. Für Verträge, die bis zum 31. Dezember 2004 geschlossen wurden, gilt allerdings weiterhin das Steuerprivileg.

Die Besteuerung der Kapitallebensversicherung kommt in einer für Versicherungen und Versicherte schwierigen Zeit. Die Lebensversicherungsbranche und damit der Deutschen liebste Altersversorgung steckt in der schlimmsten Krise der Nachkriegszeit. Nahezu alle Anbieter von privaten Renten- und Kapitallebensversicherungen können die Gewinnversprechen von einst nicht mehr einlösen. Die Überschussbeteiligungen mussten deutlich heruntergefahren werden. Die Folge für die Kunden: Ihre Auszahlungen werden gekürzt, Prognosen gesenkt. Sicher ist den Versicherten nur der Garantieteil; der zweite, variable Teil hängt vom Überschuss, also dem Profit ab, den der Versicherer erwirtschaftet. Das Problem: Vielen Besitzern von Kapitallebensversicherungen wird ihre geschrumpfte Rendite erst bei Auszahlung bewusst.

Garantiezins ist niedrig

Nur noch 2,75 % Garantiezins

Der gesetzliche Garantiezins für Lebensversicherungen sank zum 1. Januar 2004 von zuvor 3,25 auf 2,75 Prozent. Bundesfinanzminister Hans Eichel (SPD) schlug dem Bundesrat im Sommer 2003 eine entsprechende Verordnung vor. Kunden, die bereits einen Lebensversicherungsvertrag abgeschlossen haben, sind von der Reduzierung des Garantiezinses nicht betroffen. Der neue Mindestsatz

gilt für Verträge, die nach dem 1. Januar 2004 unterschrieben wurden. Das bedeutet: Die Versicherten bekommen für das gleiche Geld weniger garantiert.
Die Reduzierung des Garantiezinses wurde notwendig, weil die Renditen auf den Kapitalmärkten drastisch gefallen sind. Das gilt für Aktien ebenso wie für verzinste Wertpapiere, die den Großteil der Kapitalanlagen der Versicherer ausmachen. Die Renditen für erstklassige Staatsanleihen mit langer Laufzeit lagen nur noch geringfügig höher als der frühere Garantiezins von 3,25 Prozent. Zur Erläuterung: Der Garantiezins wird auf einem Niveau fixiert, das etwa 60 Prozent der Rendite von zehn Jahre laufenden Staatsanleihen entspricht. Die Veränderung des Garantiezinses ist ein seltenes Ereignis. Lange lag der Zins bei drei Prozent. Erst 1987 und 1995 wurde er in zwei Schritten zunächst auf vier Prozent erhöht, ehe er im Jahr 2000 auf 3,25 Prozent reduziert wurde.

Entwicklung des Garantiezinses

Zeit	Zinssatz in Prozent
um 1900 (in der Regel)	4,00
ab 1903 (in der Regel)	3,50
von 1923 bis 1941	4,00
von 1942 bis 1986	3,00
von 1987 bis Juni 1994	3,50
von Juli 1994 bis Juni 2000	4,00
Juli 2000 bis Ende 2003	3,25
seit 2004	2,75

Quelle: Versicherungsjournal

Besser verkaufen als kündigen

Häufig wollen oder müssen Menschen ihre Kapitallebensversicherung aus finanziellen Gründen auflösen. Sinkende Renditen verunsichern viele Versicherungskunden. Deshalb überlegen einige, ob sie ihren Vertrag kündigen. Von den rund 86 Millionen Kapitallebens- und Rentenversicherungsverträgen hierzulande besteht nur etwa die Hälfte bis zum Ende der vereinbarten Laufzeit. Jede zweite also wird vorzeitig gekündigt, selbst wenn das ein schlechtes Geschäft ist. Denn im Kündigungsfall speisen die Versicherungsgesellschaften ihre Kunden mit dem meist mickerigen Rückkaufswert ab. Das

Nur die Hälfte der Verträge hat bis zum Ende der Laufzeit Bestand.

ist das Sparguthaben samt Zinsen abzüglich der Kosten für Provision, Risikoschutz, Verwaltung und einer Stornogebühr von drei bis fünf Prozent. Je nach Tarif und Versicherer kann es passieren, dass bei einer Stornierung in den ersten fünf bis acht Jahren allenfalls die eingezahlten Beiträge zurückgezahlt werden. Außerdem verlangt das Finanzamt von den Zinsen Kapitalertragssteuer und Solidaritätszuschlag, wenn der Abschluss der Police noch keine zwölf Jahre zurückliegt und der Sparerfreibetrag bereits anderweitig ausgeschöpft ist. Alternativ bieten Lebensversicherungsgesellschaften in finanziellen Notlagen verschiedene Möglichkeiten wie Beitragsstundung, reduzierte Beiträge oder Auszahlung der Überschüsse an. Zudem gibt es seit kurzem einen Zweitmarkt für Kapitallebensversicherungen und damit einige Unternehmen, die den Ankauf von Policen anbieten. Die Firmen kaufen kündigungswilligen Kunden Verträge zu einem besseren Preis als dem Rückkaufswert ab – nach eigenen Angaben mit einem Aufschlag von 5 bis 15 Prozent. Einen organisierten Markt für Gebraucht-Policen gab es zuvor in Deutschland nicht. In Großbritannien ist dieser seit dem Ende des 19. Jahrhunderts etabliert und auch in den USA ist dieser Geschäftszweig weit verbreitet.

Möglichkeiten in Notlagen

Beim Stresstest durchgefallen

Über Jahrzehnte lebte die Branche von dem Ruf, dass eine Lebensversicherung ein Vertrag sei, den man unbesorgt abschließen kann. Wer aber eine Immobilie mit Lebensversicherungen als Tilgungsersatz für ein Hypothekendarlehen finanziert hat, muss wahrscheinlich nachschießen, denn die voraussichtliche Ablaufleistung dürfte nicht mehr ausreichen.

Entscheidendes Kriterium: die Finanzkraft des Anbieters

Künftig steht für Kunden der Lebensversicherer vor allem die Finanzkraft des Anbieters im Fokus. Deswegen werden Lebensversicherer von der Bundesanstalt für Finanzdienstleistungsaufsicht (BaFin) mit einem Stresstest überprüft, um zu gewährleisten, dass sie unter extrem schlechten Kapitalmarktbedingungen ihre Verpflichtungen noch erfüllen können. Beim Stresstest – entwickelt vom Versichererverband – ist 2004 nach Auskunft des BaFin-Präsidenten Jochen Sanio jede zehnte Versicherung durchgefallen. An dem härteren Stresstest der Ratingagentur FitchRatings scheiterten allerdings 45 der 93 analysierten Gesellschaften (www.fitch-studie.de). Nach drei schweren Jahren fehlt den Gesellschaften vor allem eine ausreichende Kapitalausstattung. Insgesamt sehen die Ratingspezialisten die Branche aber auf dem Wege der Besserung.

Sich beteiligen – Eigentumsanlagen

Aktien – Miteigentümer werden

Kurzsteckbrief: Aktien

Verleihen/Beteiligen:	Beteiligen
Terrassenmodell:	Terrasse 3
Emittent/Anbieter:	Unternehmen
Anlagehorizont:	mittel- bis langfristig
Liquidität/Flexibilität:	hoch
Rendite/Risiko:	mittel bis hoch

Es scheint so einfach: Aktien kaufen, wenn die Kurse niedrig stehen, und verkaufen, wenn sie oben sind. Doch Kurse vorhersagen kann niemand. Das haben viele beim letzten Börsencrash schmerzhaft im eigenen Depot gespürt. Jede einzelne Aktie verbrieft als Wertpapier einen kleinen Anteil an einem Unternehmen in der Rechtsform der Aktiengesellschaft. Wer eine Aktie ersteht, wird damit zum Miteigentümer des Unternehmens mit einem begrenzten unternehmerischen Risiko. Ein Aktionär partizipiert als Teilhaber am Ergebnis der Aktiengesellschaft. Eine Aktie stellt somit einen Beteiligungswert dar. Angebot, Nachfrage und die Gewinnaussichten des Unternehmens bestimmen den jeweiligen Kurs. Abhängig ist der Kursverlauf jeder Aktie auch vom allgemeinen Börsentrend. Anleger können Aktien beliebig lange halten, die Laufzeit ist nicht begrenzt – solange das Unternehmen besteht. Und: Aktien lassen sich täglich wieder verkaufen.

Als Aktionär wird man Miteigentümer.

Jeder Aktionär ist durch Dividenden am Gewinn beteiligt. Aktionäre dürfen an der jährlich meist in den ersten acht Monaten des Geschäftsjahres stattfindenden Hauptversammlung teilnehmen. Bei diesem Eigentümertreffen können sie mit ihrem Stimmrecht an Entscheidungen teilhaben, die sich wiederum direkt auf die Finanzen des Aktionärs auswirken: der Jahresabschluss des Unternehmens, die Entlastung von Vorstand und Aufsichtsrat, die Gewinnverteilung und eventuelle Kapitalerhöhungen.

Gewinnbeteiligung durch Dividenden

Wie Aktienkurse entstehen

Beim Aktienkauf stellen Anleger Vermutungen über die Zukunft des Unternehmens an. Anders formuliert: Sie spekulieren auf eine positive Entwicklung, auf zukünftige Unternehmensgewinne.

In den Aktienkursen spiegeln sich die Erwartungen der Käufer und Verkäufer wider. Ein Kurs steigt, je mehr Gewinne dem Unternehmen in Zukunft zugetraut werden. Setzen viele Marktteilnehmer auf

Aktienkurse spiegeln Erwartungen wider.

ein starkes Gewinnwachstum einer Aktiengesellschaft und kaufen deren Aktie, kann sich der Aktienkurs in wenigen Monaten vervielfachen. Der Kurs sinkt, wenn nur noch wenige Anleger auf sprudelnde Gewinne der Gesellschaft hoffen und die Aktien verkaufen. Zudem wirken auf alle Aktienkurse die allgemeinen Tendenzen des Kapitalmarktes, die interessante Kursgewinne bedeuten können, aber auch ein nicht unerhebliches Risiko bergen. Denn Tatsachen stehen nur für die Vergangenheit fest. Und niemand kann vorausahnen, welche kursbeeinflussenden Dinge in der Zukunft in den Unternehmen selbst und auf dem Gesamtmarkt passieren. Außerdem treffen die Marktteilnehmer ihre Entscheidungen in der Masse aus einem Mix von Rationalität und Irrationalität. Sie folgen häufig eher den Eigenheiten der menschlichen Psyche als Wirtschaftstheorien. An den Aktienmärkten kommt es deshalb immer wieder zu exzessiven Kursübertreibungen nach oben und unten, die man auch mit viel Know-how und speziellen Strategien nicht vorhersehen kann.

Es kommt immer wieder zu extremen Kursausschlägen.

So funktioniert die Börse

Privatanleger, Banken, Pensions- und Investmentfonds, Versicherungsgesellschaften und andere Marktteilnehmer aus dem In- und Ausland geben Kauf- und Verkaufsaufträge an die Börse und beeinflussen mit ihren Orders, also ihren Einzelentscheidungen, die Kurse einer Aktie. Der Kurs zeigt den Wert, der dem Papier von Käufer- und Verkäuferseite zugebilligt wird. Hat man Vertrauen in die Zukunft eines Unternehmens, kauft man das Papier. Befürchtet man für die nächste Zeit Gewinneinbrüche oder fehlt das Vertrauen ins Management, steigt man in eine bestimmte Aktie nicht ein – oder eben aus. Letztlich bestimmt also die persönliche Einschätzung der Anleger den Kurs – daraus resultieren das Angebot und die Nachfrage der Marktteilnehmer. Die täglichen Kurse ergeben in der grafischen Darstellung eine Kurve, aus der die Tendenz der Kursentwicklung abgelesen werden kann.

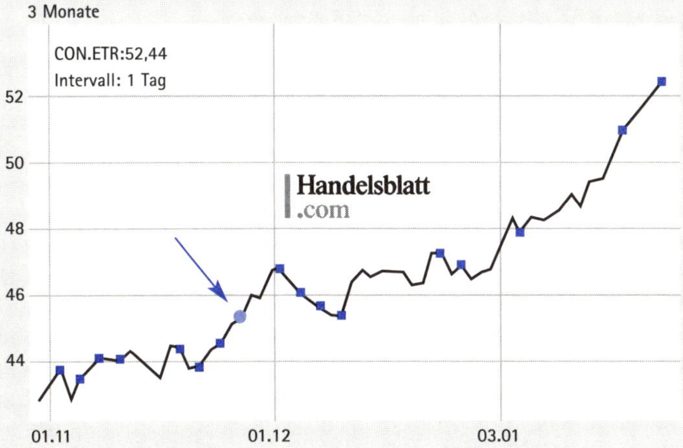

Beispielhaft ist hier der Verlauf der Continental-Aktie innerhalb von drei Monaten dargestellt. Die kleinen Quadrate stehen für Finanznachrichten zu Continental, die den Kurs beeinflussen können. Am markierten Zeitpunkt gab ein Aktienanalyst folgende Empfehlung heraus:

Finanznachrichten zu einzelnen Unternehmen beeinflussen die jeweiligen Aktienkurse.

ANALYSE/Kepler erhöht Continental auf »Buy« von »Reduce«

Einstufung: Erhöht auf »Buy« Kursziel: 52 EUR
Kepler erhöht die Einstufung für Continental. Die jüngsten US-Aufträge für elektronische Stabilitätsprogramme (ESP) dürften den Analysten zufolge die steigenden Metallpreise mehr als ausgleichen. Das US-Geschäft habe von einer um 50 Mio EUR geringeren Kostenbasis und einer weiter verbesserten Produktpalette des Ersatzteilgeschäfts profitiert. Die auf Dollar-Basis getätigten Käufe linderten die Auswirkungen des starken Euro. Continental sei »ein sicherer Hafen in einem ansonsten schwierigen Markt«, so die Analysten weiter.

Dow Jones Newswires/26.11.2004

Besitz von Aktien steigt mit dem Einkommen

Nach Informationen des Deutschen Aktieninstituts ist der Aktienbesitz in Deutschland ein wichtiges Instrument der privaten Vermögensbildung. Im ersten Halbjahr 2004 besaßen 11,6 Millionen Deutsche Aktien oder Anteile von Aktienfonds. Das sind 16,4 Prozent der Bevölkerung. 1997 waren es knapp neun Prozent.
Allerdings scheint für den Aktienbesitz der Beruf und damit das Einkommen ausschlaggebend. Je höher der Verdienst, so stellte das Aktieninstitut fest, desto eher wird das Vermögen auch in Aktien, Aktienfonds und gemischten Fonds angelegt. So besitzen 43 Prozent der Haushalte mit einem Nettoeinkommen über 4000 Euro Aktien oder Aktienfondsanteile. Dies sind meist leitende Angestellte, Beamte oder Selbstständige. Bei einem Einkommen zwischen 2000 und 3000 Euro investieren fast 16 Prozent in Aktien oder Fondsanteile. Bei Einkommen unter 750 Euro legen 4 Prozent der Haushalte ihr Geld in Aktien oder Aktienfonds an.

Quelle: Infratest im Auftrag des Deutschen Aktieninstituts (DAI)

Gewinnmitnahmen

Einstiegskurse

Nimmt also die Nachfrage nach der Aktie eines erfolgreichen Unternehmens zu, so steigt deren Kurs so lange, bis der gestiegene Kurs Verkaufswünsche weckt (so genannte Gewinnmitnahmen). Und umgekehrt: Sehen immer weniger Anleger einen Sinn im Halten einer bestimmten Aktie, sinkt der Kurs so lange, bis das Papier so billig ist, dass sich andere wiederum damit eindecken.
Positive oder negative Nachrichten über das Unternehmen (wie Veränderungen des Vermögens und des Gewinns), über die entsprechende Branche, die Gesamtwirtschaft oder das politische Umfeld und seine Rahmenbedingungen beeinflussen die Einschätzung der Anleger und den Kursverlauf. Auch auf Spannungen in der Weltwirtschaft oder eine prekäre politische Lage und besondere aktuelle Ereignisse reagieren die Kurse. Ein solches Ereignis kann die Veränderung der Leitzinsen durch die entsprechende Notenbank sein. Bis zu einem gewissen Grad bildet der Börsenzyklus auch den Konjunkturzyklus ab, aber er eilt regelmäßig um etwa sechs Monate voraus. Die Börse nimmt damit die konjunkturelle Entwicklung vorweg.

Die Börse läuft der Konjunktur um etwa sechs Monate voraus.

■ Kurszettel – die schnelle Informationsquelle

Die nur auf den ersten Blick trockenen Zahlenkolonnen in Ihrer Tages- oder den Finanzzeitungen oder im Internet enthalten viele wichtige Informationen über den Kursverlauf eines Börsentages oder -jahres.

Hier können Sie – richtig interpretiert – Trends und Anlagechancen herauslesen.

Kurszettel: So verstehen Sie die Zahlen

DAX-30/ Frankfurter Kurse (F)	ISIN	Letzte Div.	Anfang	Tages H/T	Schluss	+/-
Adidas-Salomon	5003404	1,00	114,30b	114,87 113,97	114,75b	-0,10
Continental	5439004	0,52	56,80b	57,00 56,48	57,00b	+0,37

ISIN

Kennnummer zur Identifizierung des Wertpapiers

Div. = Dividende

Hier ist vermerkt, was die Aktiengesellschaft zuletzt pro Aktie als Dividende ausschüttete.

Börsenplatz

Die Kürzel stehen für den Börsenplatz, an dem der Aktienkurs ermittelt wurde. Beispielsweise F = Frankfurt, M = München, X = Xetra

Kurszusätze

Die Buchstaben hinter den Kursen zeigen Angebot und Nachfrage.
b = bezahlt, alle Aufträge sind ausgeführt
B = Brief, nur Angebot, keine Nachfrage vorhanden
bB = bezahlt Brief, mehr Angebote als Nachfrage
bG = bezahlt Geld, mehr Nachfrage als Angebote
G = Geld – Nachfrage vorhanden, aber keine Verkaufsangebote
– = gestrichen, ein Kurs konnte nicht festgestellt werden
exDiv. = ohne Dividende, erste Notiz nach Abschlag der Dividende

Höchst/Tiefstkurse (H/T)

Gibt Einblick in den Kursverlauf, es werden die höchsten und niedrigsten Kurse des laufenden Tages gelistet.

Wichtige Abkürzungen für das Verständnis des Kursteils in der Tageszeitung.

Empfehlenswert: Standardaktien

Sie sind die Crème de la Crème der Aktiengesellschaften, die Besten unter Guten: die Standardaktien. Dabei handelt es sich um namhafte Konzerne mit Milliardenumsätzen. Dank ihrer herausragenden Marktstellung sind Kursschwankungen meist nicht so groß wie bei Nebenwerten. Konkursrisiken sind eher nicht zu fürchten. Zudem darf der Anleger von regelmäßigen Dividendenzahlungen ausgehen. Angenehm: Über Dividendenausschüttungen können Sie sofort verfügen. Dagegen ist die Steigerung des Börsenkurses ein unrealisierter Gewinn, der erst durch den Verkauf an der Börse Wirklichkeit wird. Ein weiterer, nicht zu unterschätzender Vorteil der Standardaktien: Börsentag für Börsentag findet ein intensiver Handel dieser Werte mit hohen Umsätzen statt, sodass den Anlegern der Ein- und Ausstieg börsentäglich möglich ist. Auch wichtig: Es ist relativ leicht, an die entscheidenden Informationen über diese Unternehmen zu kommen. Beispielsweise berichtet die Wirtschaftspresse regelmäßig über die großen Unternehmen. Damit ist es für Anleger leichter, die Ertragsentwicklung oder die Qualität des Managements einzuschätzen. Für Sicherheitsbewusste, Neueinsteiger und als Basis eines Aktienportfolios sind die relativ sicheren Standardaktien geeignet. Grundsätzlich gilt aber: Kaufen Sie nur Aktien von Unternehmen, die Sie überzeugen.

Standardwerte sind liquide.

Standardaktien werden auch als Blue Chips bezeichnet. Der Begriff ist den blauen und wertvollsten Jetons des amerikanischen Poker entlehnt. In Deutschland nennt man die Aktien des DAX Blue Chips. Im DAX sind die größten 30 börsennotierten Unternehmen des amtlichen Marktes nach Börsenumsatz und Marktkapitalisierung zusammengefasst. 1987 führte die Deutsche Börse das bedeutendste deutsche Kursbarometer ein. Seitdem wird der DAX während der Öffnungszeit des elektronischen Handelssystems Xetra alle 15 Sekunden neu berechnet und an der bekannten Anzeigetafel im Frankfurter Börsensaal veröffentlicht. Die amerikanischen Blue Chips findet man im Dow Jones.

Der DAX enthält die deutschen »Blue Chips«.

Aktien im Langfristvergleich überlegen

Trotz der herben Verluste in den zurückliegenden Jahren: Aktien sind im Langfristvergleich anderen Anlageprodukten überlegen. Nach Berechnungen der Investmentgesellschaft Union Investment haben deutsche Aktien in den vergangenen zwanzig Jahren, gemessen am Deutschen Aktienindex DAX, eine jährliche Rendite nach Steuern von 8,1 Prozent erwirtschaftet. Immobilien schneiden mit einer jährlichen Rendite von 4,1 Prozent ab, der Geldmarkt brachte immerhin 2,5 Prozent.

Nachsteuer-Renditen
in Prozent vom 31.8.1984 bis 31.8.2004

	vor Steuern	nach Steuern
Aktien	9,2	8,1
festverzinsliche Wertpapiere	7,8	3,8
Immobilien	5,8	4,1
Geldmarkt	5,0	2,5

Quelle: Union Investment

Investmentfonds – große Möglichkeiten

Kurzsteckbrief: Investmentfonds

Verleihen/Beteiligen:	Beteiligen
Terrassenmodell:	Terrasse 3
Emittent/Anbieter:	Investmentgesellschaften
Anlagehorizont:	kurz- bis langfristig
Liquidität/Flexibilität:	hoch
Rendite/Risiko:	gering bis hoch

Erfunden wurden Investmentfonds 1860 in England. In Deutschland musste man noch lange, bis nach dem Zweiten Weltkrieg, auf das Finanzprodukt warten.

Amerika liegt vorne

Die Investmentbranche verwaltete Mitte 2004 ein Vermögen von 980,9 Milliarden Euro und damit 60 Milliarden Euro mehr als ein Jahr zuvor. Davon befanden sich in Publikumsfonds 451,1 Milliarden Euro (30. Juni 2003: 419,1 Milliarden Euro) und in Spezialfonds 529,8 Milliarden Euro (30. Juni 2003: 504,4 Milliarden Euro).
Damit hatte – rein rechnerisch – jeder Deutsche 5 472 Euro in Investmentfonds angelegt, am Jahresende 2003 waren es noch 5 301 und Mitte 2003 4 648 Euro. Im Vergleich zum Jahresultimo 1998 (2 505 Euro) hat sich der Wert sogar verdoppelt, informiert der BVI Bundesverband Investment und Asset Management e.V.
Im weltweiten Vergleich aber hätten die Deutschen weiterhin einen großen Nachholbedarf. So hatte jeder Amerikaner zur Jahresmitte 2004 statistisch 22 010 Euro in Investmentfonds angelegt. Und auch andere europäische Länder haben die Nase vorn: Im Vergleich zu den Franzosen (18 370 Euro), den Schweden (8 830 Euro) und den Briten (7 967 Euro) haben die Deutschen verhältnismäßig wenig in Fonds investiert.

Das Fondsvermögen in Deutschland wächst, aber der Nachholbedarf ist noch groß.

An der Entwicklung der Börse teilhaben, ohne großen Zeitaufwand, ohne großen finanziellen Einsatz und mit professionellem Management. Diese Vorteile bieten Investmentfonds. Der Grundgedanke: Auch Menschen ohne großen Geldbeutel sollen an Wertpapieren oder Immobilien verdienen. Dabei wird in verschiedene Papiere oder Objekte investiert, um das Risiko zu streuen.

Ein Fonds ist ein »Topf«, in den viele Anleger Geld einzahlen. Das Vermögen verwalten so genannte Investmentanlagegesellschaften, die den Status von Kreditinstituten besitzen und dem Gesetz über Kapitalanlagegesellschaften (KAGG) unterliegen. Daher ergeben sich auch die strengen Anlagegrundsätze, die das Prinzip der Risikostreuung wahren.

Risikostreuung

Aktienfonds müssen einen Pool von verschiedenen Aktien in ihrem Portfolio haben, dürfen aber beispielsweise nur maximal fünf Prozent des Fondsvermögens in einen Titel investieren. Offene Immobilienfonds müssen mindestens zehn Objekte betreiben, dabei darf ein Neuerwerb 15 Prozent des Fondsvermögens nicht übersteigen.

Bei Investmentfonds unterscheidet man generell zwischen ausschüttenden und thesaurierenden Fonds. Bei thesaurierenden Fonds werden sämtliche Erträge automatisch wieder angelegt. Der Anteilseigner bekommt dann nicht die erwirtschafteten Erträge aus Zins, Dividenden oder Mieteinnahmen ausgezahlt. Dies hat für den Anleger zwei Vorteile: Zum einen umgeht er die Gebühren bei Wiederanlage. Zum anderen profitiert der Anleger vom Zinseszinseffekt. Fonds unterliegen der Rücknahmeverpflichtung durch die Fondsgesellschaft. Damit kommen die Anleger immer an ihr Geld, sind also stets liquide. Für Rückzahlungswünsche müssen die Fondsgesellschaften ständig eine bestimmte Summe bereithalten.

Alle Erträge werden wieder angelegt.

Rücknahmeverpflichtung

Gebühren und andere Kosten

Anleger müssen gleich am Anfang der Geschäftsbeziehung eine Gebühr zahlen: den Ausgabeaufschlag von einem bis 8 Prozent. Allerdings kosten die Ausgabeaufschläge der unterschiedlichen Fondsarten auch unterschiedlich viel: Am teuersten sind Aktienfonds. Hier liegen die Ausgabeaufschläge zwischen vier und acht Prozent. Die offenen Immobilienfonds kosten meist fünf Prozent und Rentenfonds zwischen zwei und vier Prozent. Durch den Ausgabeaufschlag ergibt sich übrigens auch der Rücknahmepreis. Der ist um den Ausgabeaufschlag niedriger als der Ausgabepreis. Weiterhin verlangen die Fondsgesellschaften Verwaltungsgebühren von bis zu 1,5 Prozent des Fondswertes im Jahr.

Ausgabeaufschläge

Depotbanken: Im Sinne des Anlegers

Vielen Investmentfondsanlegern dürfte es nicht bewusst sein: Bei der Abwicklung ihres Investments spielt neben der Investmentgesellschaft auch die Depotbank eine große Rolle. Sie gehört zum so genannten Investmentdreieck. Denn eine Kapitalgesellschaft darf ein von ihr aufgelegtes Sondervermögen zwar verwalten, aber nicht verwahren. Dafür muss eine unabhängige Depotbank beauftragt werden, deren haftendes Eigenkapital mindestens bei fünf Millionen Euro liegt. Durch diese Regelung bleibt das Fondsvermögen strikt vom Vermögen der Fondsgesellschaft getrennt. Eine Regelung im Sinne des Anlegers, wenn man mal von den dafür aufzubringenden Gebühren absieht.
Zu den Aufgaben der Depotbank gehören die Ausgabe und Rücknahme von Anteilscheinen, die Prüfung der von der Investmentgesellschaft ermittelten börsentäglichen Ausgabe- und Rücknahmepreise, die Durchführung der Ausschüttung an die Anteilinhaber, aber auch die Verteilung des Fondsvermögens im Falle der Auflösung des Fonds. Die Depotbank erfüllt eine wichtige Kontrollfunktion, da sie Aufträge nur dann ausführen darf, wenn sie sowohl den gesetzlichen als auch den vertraglichen Anlagegrundsätzen entsprechen. Damit handelt sie im Interesse der Anleger.

Die Depotbank handelt im Interesse der Anleger.

Die Verwaltungsgebühr und die Vergütung für die Depotbank werden dem Anleger nicht direkt belastet, sondern aus dem Fondsvermögen bezahlt. Sie gehen daher zu Lasten der Wertentwicklung des Fondsvermögens. Die Höhe der Vergütung ist in den Verkaufsprospekten der einzelnen Fonds angegeben, wie überhaupt alle Kosten aufgeführt werden.

Vergütung für die Depotbank

Verwaltungsgebühren

Zugangsgebühr: Ausgabeaufschläge der Investmentfonds

Beispiel: Sie wollen 10 000 Euro in einen Investmentfonds anlegen. Bei einem fünfprozentigen Ausgabeaufschlag legt die Fondsgesellschaft von Ihren 10 000 Euro nur 9 500 an. Die Differenz zieht sie als Gebühr ein. Dieser Betrag muss über Rendite erst mal wieder verdient werden. Nur wenn der Fondsmanager einen Wertzuwachs von 500 Euro erreicht, besitzen Sie wieder 10 000 Euro.

Große Auswahl an Publikumfonds

Die Fonds für den privaten Anleger heißen Publikumfonds. Und mittlerweile ist hier fast alles auf dem Markt zu haben: Man kann in internationale Aktien ökologisch orientierter Unternehmen, in indische Aktien, in Hochzinsanleihen von Schuldnern aus Schwellenländern, in New-Economy-Titel oder in weltweite Neuemissionen investieren. Die Investmentbranche kreiert ständig neue Produkte, um den sich ständig ändernden Marktgegebenheiten gerecht zu werden. Dabei sind nahezu alle auf die folgenden drei Grundversionen zurückzuführen.

Aktienfonds

Gut geeignet für die langfristige Vermögensbildung

Aktienfonds investieren nur oder überwiegend in Aktien, wobei die Ausrichtung höchst unterschiedlich sein kann: beschränkt auf bestimmte Länder oder Regionen, international orientiert oder gerade sehr breit ausgerichtet auf viele Branchen.

Aktienfonds ermöglichen es dem Anleger, sich auch mit niedrigen Beträgen an der Börse zu engagieren. Sie haben eine breitere Basis, eine größere Streuung und damit ein geringeres Risiko als einzelne Aktien. Trotzdem sind auch Aktienfonds von der allgemeinen Börsentendenz abhängig. Eine kurzfristige Anlage ist daher nicht empfehlenswert. Der Trend geht zu europäischen und internationalen Aktienfonds. Prinzipiell eignen sich Aktienfonds gut für die langfristige Vermögensbildung und zur privaten Altersvorsorge.

Offene Immobilienfonds

In der Regel eine sichere Sache

Während der Kurseinbrüche an den Aktienbörsen konnten die offenen Immobilienfonds einen nie gekannten Ansturm verzeichnen: Innerhalb von nur vier Jahren verdoppelten sich die Fondsvolumina auf rund 90 Milliarden Euro in 2004. Offene Immobilienfonds investieren in gewerblich genutzte Bürohäuser oder Einkaufszentren, auch im europäischen Ausland. Diese Form der Sachwertanlage wurde vor 50 Jahren in der Schweiz erfunden. Wie sicher offene Immobilienfonds eingeschätzt werden, zeigt die Tatsache, dass sie von Vormundschaftsgerichten zur Anlage von Mündelgeldern zugelassen sind. In offene Immobilienfonds kann man – im Gegensatz zu geschlossenen Immobilienfonds – jederzeit ein- und aussteigen. Die Rendite der offenen Immobilienfonds setzt sich aus laufenden Miet- und Pachteinnahmen und dem langfristig zu erwartenden Wertanstieg der Immobilie zusammen. Empfehlenswert sind die Entnahmepläne der offenen Immobilienfonds, mit denen man sich regelmäßige Auszahlungen eines vorhandenen Guthabens organisieren kann. Sie sind eine echte Alternative zu Kapitallebens- und privater Rentenversicherung, die in der Handhabung weniger flexibel sind.

Rentenfonds

Rentenfonds halten mindestens 20 verschiedene festverzinsliche Wertpapiere, eventuell beschränkt auf bestimmte Währungen und Länder. Die Laufzeiten der gehaltenen Papiere dürften nahezu das gesamte Spektrum abdecken. Da aber der Kapitalmarktzins während der Laufzeit einer Anleihe mehr oder weniger stark schwankt, muss die Anpassung an die Zinsentwicklung über den Kurs der Anleihe erfolgen. Entsprechend unterliegt auch der Rentenfonds der Faustformel: Sinkende Zinsen bringen steigende Kurse, steigende Zinsen führen zu sinkenden Kursen. Die übliche Anlage in Rentenfonds ist angesichts eines Ausgabeaufschlags von durchschnittlich drei Prozent plus der jährlichen Managementgebühr insgesamt zu teuer im Vergleich zur Direktanlage. Häufig sind die Renditen von Rentenfonds geringer als die von Bundesschatzbriefen.

Zinsveränderungen beeinflussen die Kurse der Anleihen.

Geldmarktfonds

Daneben gibt es Geldmarktfonds, schon angedeutet im Unterkapitel »Tages- und Termingelder«. Geldmarktfonds investieren in kurzfristige Rentenpapiere, wie Anleihen mit kurzen Restlaufzeiten, oder direkt am Geldmarkt. Sie kosten keinen Ausgabeaufschlag, allerdings Verwaltungsgebühren. Die Fonds sind seit ihrer Markteinführung ein erfolgreiches Produkt, sind sie doch einfach zu handhaben und bieten zudem ein Höchstmaß an Flexibilität. Es gibt keine vorgeschriebene Anlagedauer, keine festen Laufzeiten und es sind keine Kündigungsfristen oder festen Termine zu beachten. Anleger handeln das Instrument gerade so, wie sie es wollen. Die eingelagerten Gelder sind täglich verfügbar. Dabei ist das Kursrisiko gering – trotz der Schwankungen des Kapitalmarktes. Geldmarktfonds gibt es seit August 1994 in der Folge des Zweiten Finanzmarktförderungsgesetzes.

Liquiditätsreserve

■ Empfehlenswert: Fondssparpläne

Mit regelmäßigem Investmentsparen zu einem ansehnlichen Fondsvermögen – dazu verhelfen Fondssparpläne. Per Dauerauftrag oder Einzugsermächtigung investiert der Anleger mit einem festen Betrag regelmäßig in Fondsanteile oder Bruchteile davon. Die Beträge sind mit 25 Euro oder 50 Euro meist so klein, dass bequem gespart werden kann. Dabei legt der Anleger selbst fest, ob er einmal im Monat oder nur jeden zweiten oder dritten Monat kauft. Damit ist schon ein ganz wichtiger Aspekt der Fondssparpläne angedeutet, die Flexibilität. Denn nahezu alles ist möglich: Raten erhöhen, erniedrigen, aussetzen oder auch schnell Kasse machen.

Nahezu unbegrenzte Flexibilität

Cost-Average-Effekt

Ein weiterer Vorteil des Investmentsparens: der Cost-Average-Effekt. Wer jeden Monat kauft, zahlt mal hohe und mal niedrige Preise. Für die gleiche Summe bekommt man in guten Börsenzeiten weniger, in schlechten Börsenzeiten mehr Anteile. Dadurch wird ein ausgewogener Durchschnittspreis erzielt. Regelmäßig mit einem bestimmten Geldbetrag investieren kann man in nahezu alle Fondsarten. Der Zeithorizont beim Investmentsparen sollte wegen der hohen Gebühren bei der Fondsanlage und der möglichen Kursschwankungen mindestens 7 Jahre, besser 10 bis 15 Jahre oder länger betragen.

Empfehlenswerter Zeithorizont: mindestens sieben Jahre

Regelmäßiges Sparen trägt Früchte. Wer beispielsweise kontinuierlich in Aktienfonds mit deutschem, europäischem und internationalem Anlageschwerpunkt über einen Zeitraum von 30 Jahren einzahlte, wurde mit durchschnittlichen Wertzuwächsen zwischen 6,9 und 7,3 Prozent pro Jahr belohnt. Dies geht aus der zum 30. September 2004 erstellten Sparplan-Statistik des BVI, Bundesverband Investment und Asset Management e.V., über Ansparzeiträume zwischen 10 und 35 Jahren hervor. Dabei sind alle Fondskosten – inklusive Ausgabeaufschlag – berücksichtigt.

Was aus 50 Euro im Monat nach 30 Jahren wird.

Aus 50 Euro pro Monat wurden nach 30 Jahren im Schnitt ... Euro

Alle Ergebnisse nach Abzug sämtlicher Fondskosten, auch des Ausgabeaufschlages. Stichtag: 30. September 2004

Aktienfonds Deutschland	62 584 Euro	7,3 Prozent Rendite jährlich
Euro-Rentenfonds	53 293 Euro	6,5 Prozent Rendite jährlich
Offene Immobilienfonds	43 401 Euro	5,3 Prozent Rendite jährlich

Quelle: BVI

Anmerkung der Autorinnen: Das eingezahlte Kapital summiert sich nach 30 Jahren auf 18 000 Euro.

Betrachtet man allerdings unterschiedliche Anlagezeiträume, ergibt sich ein differenziertes Bild.

Aktienfonds können starken Schwankungen unterliegen.

Europäische Aktienfonds

Aus monatlich 50 Euro wurden nach ... Jahren im Schnitt ... Euro		
10 Jahre (1994 bis 2004):	6 249 Euro	0,8 Prozent Rendite jährlich
20 Jahre (1984 bis 2004):	21 767 Euro	5,6 Prozent Rendite jährlich
30 Jahre (1974 bis 2004):	61 678 Euro	7,3 Prozent Rendite jährlich

Quelle: BVI

Euro-Rentenfonds zeichnen sich durch einen stabilen Verlauf aus. Sie erzielen bei einem monatlichen Sparplan von 50 Euro durchschnittlich zwischen 4,4 Prozent jährlich im 10-Jahres-Zeitraum und 6,5 Prozent Wertzuwachs nach 30 Jahren. Das entspricht am Ende des längeren Zeitraums einem Guthaben von 53 230 Euro. International investierende Rentenfonds erwirtschaften jährliche Zuwächse zwischen 3,5 und 6,8 Prozent.
Die Jahresrenditen offener Immobilienfonds lagen im Schnitt zwischen 3,0 und 5,3 Prozent. Die monatliche Anlage von 50 Euro brachte nach 30 Jahren ein Vermögen von 42 872 Euro.

Offene Immobilienfonds zeigten eine stabile Werterhaltung.

Offene Immobilienfonds

Aus monatlich 50 Euro wurden nach ... Jahren im Schnitt ... Euro		
10 Jahre:	6 984 Euro	3,0 Prozent Rendite jährlich
20 Jahre:	19 233 Euro	4,5 Prozent Rendite jährlich
30 Jahre:	42 872 Euro	5,3 Prozent Rendite jährlich

Quelle: BVI

Risikoprodukte – nur für Erfahrene

Kurzsteckbrief: Risikoprodukte

Verleihen/Beteiligen:	Beteiligen
Terrassenmodell:	Terrasse 3
Emittent/Anbieter:	unterschiedlich
Anlagehorizont:	kurz-langfristig
Liquidität/Flexibilität:	hoch
Rendite/Risiko:	hoch

Derivate

Zum großen Einmaleins der Börsenprodukte gehören die Derivate. Der Begriff stammt vom Lateinischen »derivare«, das mit »ableiten« übersetzt werden kann. Derivate sind also Finanzinstrumente, die von anderen Finanzprodukten abgeleitet werden oder denen andere Finanzprodukte zugrunde liegen. Letztere werden als Basiswerte oder Underlyings bezeichnet. Dies können sein: Aktien, Aktienkörbe – so genannte Baskets –, Indizes, Anleihen, Währungen oder auch Waren und Rohstoffe. Die Wertentwicklung der Derivate hängt entscheidend von der Wertentwicklung der Underlyings ab, aber auch von anderen Faktoren wie Restlaufzeit, Zinsniveau und Volatilität. Die wichtigsten Derivate sind Futures, Optionen, Optionsscheine und Indexzertifikate. Zu den Risikoprodukten zählen aber auch Aktienanleihen und Hedgefonds.

Futures – Geschäft für die Zukunft

Termingeschäfte

Futures sind Termingeschäfte, bei denen der Preis, zu dem das Geschäft abgewickelt wird, bereits bei Vertragsabschluss fixiert wird. Bei Fälligkeit des Futures zu einem festen Termin muss der Anleger – je nach Art des Geschäfts – eine bestimmte Menge des Basiswerts zum vorher festgelegten Preis kaufen oder verkaufen. Das Geschäft ist für beide Seiten bindend, egal wie der Basiswert zum Stichtag steht. Zu einem Future-Geschäft gehören grundsätzlich immer zwei: ein Käufer und ein Verkäufer. Beide gehen eine Geschäftsverpflichtung ein. Der Käufer verpflichtet sich, eine bestimmte Ware – das so genannte Underlying – abzunehmen, der Verkäufer verpflichtet sich, dieses zu liefern. Sowohl die Erfüllung des Geschäfts – Lieferung oder Abnahme – als auch die Zahlung des Kaufpreises liegen in der Zukunft. Futures sind vor allem deswegen risikoreich, weil nicht nur das eingesetzte Kapital verloren gehen kann, sondern auch eine Pflicht besteht, noch mehr Kapital nachzuschießen.

Option – der Käufer hat die Wahl

Im Gegensatz zu den unbedingten Termingeschäften wie den Futures, bei denen beide Seiten, Käufer und Verkäufer, zur Vertragserfüllung verpflichtet sind, sind Optionen so genannte bedingte Termingeschäfte. Denn bei ihnen hat der Käufer am Ende die Wahl: Er kann sein Recht ausüben oder es verfallen lassen. Es besteht keine Verpflichtung, die Option auch auszuüben. Denn nicht zufällig kommt Option von (lateinisch) »optio« – das man mit »freier Wille« übersetzen kann. Ob der Optionskäufer sein erkauftes Recht nutzt, hängt dabei entscheidend von der aktuellen Börsenentwicklung ab. Denn bei Optionen erwirbt der Käufer das Recht, eine Aktie oder einen Index zu einem vorher festgelegten Preis – dem Basispreis – während oder am Ende der Laufzeit zu kaufen (Call-Option) oder zu verkaufen (Put-Option). Für dieses Wahlrecht zahlt der Optionskäufer eine Prämie. Das Verlustrisiko ist für den Käufer also auf diese Optionsprämie beschränkt. Denn diese hat er auf jeden Fall zu zahlen, auch wenn er die Option nicht ausübt, weil beispielsweise der Aktienkurs unter den Basispreis gefallen ist und er die Aktie direkt an der Börse billiger kaufen kann als vom Verkäufer der Option.

Bedingte Termingeschäfte

Call-Option/ Put-Option

Der Verkäufer einer Option geht im Gegenzug die Verpflichtung ein, das Underlying bei Ausübung durch den Optionskäufer zu kaufen (Put-Option) oder zu verkaufen (Call-Option). Diese Verpflichtung muss durch Hinterlegung von Sicherheiten abgedeckt werden.

Optionsscheine – Wertpapiere für Spekulanten

Ein Optionsschein ist ein verbrieftes Termingeschäft. Er gewährt einen zeitlich befristeten Anspruch, ein bestimmtes Underlying gegen Zahlung eines festgelegten Preises kaufen (Call-Schein) oder verkaufen (Put-Schein) zu können. Optionsscheine eignen sich besonders für Spekulanten, da sie aufgrund des im Vergleich zum Underlying geringen Kapitaleinsatzes überproportionale Gewinne ermöglichen. Verluste sind auf den jeweiligen Kapitaleinsatz begrenzt (Totalverlust). Wie bei Optionen profitieren Call-Scheine von steigenden Kursen des Underlying, Put-Scheine steigen bei fallenden Underlying-Kursen. Macht es für den Optionsschein-Inhaber aufgrund der Kursentwicklung des Basiswertes keinen Sinn, von seinem Ausübungsrecht Gebrauch zu machen, verfällt der Optionsschein am Ende der Laufzeit wertlos.

Wetten auf zukünftige Kurse

■ Indexzertifikate – auf einen Index setzen

Preiswert an der Entwicklung eines Gesamtmarktes teilnehmen.

Sie heißen Partizipationsscheine oder einfach Zertifikate. Und sie machen Furore – bei Bankern und Anlegern. Denn mit einem Indexzertifikat kann man sich tatsächlich günstig an der Wertentwicklung eines gesamten Marktes beteiligen.

Indexzertifikate sind Schuldverschreibungen der Banken, also Anleihen. Wie bei den anderen börsennotierten Wertpapieren dieser Art ist der Käufer Gläubiger und überlässt dem Emittenten sein Geld nur leihweise, um es nach Ablauf einer bestimmten Frist zurückzuverlangen. Allerdings erfolgen im Gegensatz zu den üblichen Anleihen keine Zins-, sondern lediglich Rückzahlungen am Ende der Laufzeit. Und deren Höhe richtet sich nach dem Wert der Indizes, die dem Indexzertifikat zugrunde liegen. Damit sind Indexzertifikate auch Derivate, aber im Vergleich zu Futures, Optionen und Optionsscheinen mit einem sehr viel geringeren Risiko behaftet. Außerdem werden viele Indexzertifikate an der Börse gehandelt, sodass der Anleger nicht bis zur Endfälligkeit warten muss.

Indexzertifikate orientieren sich an verschiedenen Indizes wie dem deutschen DAX, der die 30 größten deutschen Aktienwerte repräsentiert, oder dem amerikanischen Dow Jones. Damit sind sie sehr transparent – jeder Anleger weiß, was er einkauft, und kann die Entwicklung leicht in der Tageszeitung verfolgen. Durch die breite Streuung ist das Risiko der Geldanlage relativ gering. Der Käufer eines Indexzertifikats partizipiert an Gewinn und Verlust eines bestimmten Börsenbarometers. Indexzertifikate haben in der Regel ein einfaches Bezugsverhältnis, meist 1:10 oder 1:100. Das bedeutet: Bei einem Stand des DAX von 3800 Punkten kostet ein entsprechendes Indexzertifikat 38 oder 380 Euro. Je nachdem, wie der entsprechende Index dann steigt, so nehmen auch die Indezzertifikate im Wert zu. Klettert der DAX von 3800 auf 4400 Punkte, ist das Indexzertifikat 44 oder 440 Euro wert. Sinkt er dagegen von 3800 auf 3300, dann hat man schnell 5 oder 50 Euro verloren.

Bezugsverhältnis

■ Aktienanleihen – Angebote genau prüfen

Auf den ersten Blick scheinen Angebote für Aktienanleihen verlockend. Während bei einer normalen Anleihe der Nennbetrag bei Fälligkeit automatisch zurückgezahlt wird, hat der Emittent bei dieser speziellen Anleihe ein Wahlrecht. An einem bestimmten Termin vor der Fälligkeit darf er sich entscheiden, ob er dem Anleger sein Kapital zurückzahlt oder stattdessen eine in den Emissionsausschreibungen fest zugesagte Anzahl bestimmter Aktien ins Depot bucht. Somit ist eine Aktienanleihe sozusagen eine Zwangs-Wandelanleihe. Denn bei Aktienanleihen liegt das Risiko nicht bei den Herausgebern – den Geldinstituten –, sondern allein beim Anleger. Der

Zwangs-Wandelanleihe

Grund: Die Anleihemanager machen ihre Entscheidung vom Börsenkurs der entsprechenden Aktie abhängig. Liegt der Kurs der Aktie unterhalb eines bestimmten Wertes, liefern sie die Aktien. Liegt der Kurs der Aktie darüber, gibt es den Nominalwert zurück, und der Anleihekäufer hat ein gutes Geschäft gemacht. Stürzt die Aktie aber ab, kann es für den Anleger kritisch werden.

Denn in der Aktienanleihen-Konstruktion steckt ein Optionsgeschäft – eine so genannte Put-Option – und aus dem Gläubiger mit Anleihebesitz wird ein Stillhalter in Geld bei diesem Termingeschäft. Und der Zins, der über dem Marktzins liegt, ist seine Optionsprämie. Brechen die Aktien tatsächlich ein, haben die Emittenten aber ein kleines Trostpflaster parat: Auf die Aktien gibt es Rabatt. Man bekommt mehr Aktien, als man eigentlich erhalten hätte.

Volatilität

Grundsätzlich hängt das Risiko dieser Anlageart von der Volatilität, also dem Ausmaß der Kursschwankung der Aktie ab, die der Anleihenbesitzer eventuell zugeteilt bekommt. Dabei gilt: Je höher die Volatilität, desto höher der Zins. Weiteres Risiko bei dieser Finanzprodukt-Konstruktion: die Länge der Laufzeit. Je länger die Laufzeit, desto höher muss die Verzinsung sein. Denn je länger die Aktienanleihe läuft, umso unkalkulierbarer wird die Entwicklung der Aktie. Deswegen sind für den Anleger Aktienanleihen nur dann ein gutes Geschäft, wenn der Kurs der dahinter stehenden Aktien während der Laufzeit weitgehend stagniert. Dann kann er sich uneingeschränkt über die hohe Verzinsung der Anleihe freuen.

Tritt der gesamte Aktienmarkt für längere Zeit auf der Stelle, nennen Finanzprofis dies »Seitwärtsbewegung« oder« »Seitwärtsmarkt«. In solchen Zeiten kann man mit dem direkten Kauf von Aktien, Indexzertifikaten oder Fondsanteilen keine oder nur geringe Erträge erwirtschaften. Dann floriert das Geschäft mit den Aktienanleihen. Doch für den »normalen« Anleger ist Vorsicht angebracht: Die Bewertung dieser Finanzinstrumente ist schwierig. Da sie aus mehreren Finanzbausteinen bestehen, müssen sie zunächst in ihre Einzelteile zerlegt werden, um jeden Baustein einzeln bewerten zu können. In der Regel beherrschen aber nur Profis diese Methode des »Pricing-by-Duplication«. Verbraucherschützer empfehlen Anlegern deshalb eine umfassende Aufklärung, bevor man in diese Finanzprodukte investiert.

■ Hedgefonds – komplex und vielfältig

Sehr unterschiedliche Anlagestrategien

Seit dem 1. Januar 2004 zugelassen, gibt es mittlerweile ein halbes Dutzend Hedgefonds auf dem deutschen Markt. Hedge bedeutet eigentlich Hecke, Einfriedung, Schutzumrandung. Hedging entstand am Ende des 19. Jahrhunderts, als sich Investoren infolge der zunehmenden Globalisierung und Industrialisierung gegen Aktien-, Zins-, oder Währungsrisiken absichern wollten.

Dabei stiftet der Begriff »Hedgefonds« Verwirrung. Deswegen sollte man den Terminus als Dachbegriff für eine Vielzahl komplexer und äußerst unterschiedlicher Anlagestrategien auffassen, die unterschiedlicher kaum sein können. Prinzipiell funktionieren die allerdings viel risikoreicheren Hedgefonds wie ein Investmentfonds. Anleger investieren Geld in einen Topf, den ein einzelner Manager zu vermehren versucht. Allerdings bekommen Anleger ihre Gelder häufig erst einige Monate nach Kündigung wieder zurück.

Einige Hedgefonds-Strategien bergen große Risiken, vor allem wenn sie Kredite aufnehmen und mit Derivaten gehebelt sind. Andere wiederum haben nur einen geringen Zusammenhang zur Entwicklung der klassischen Aktien- und Anleihemärkte oder sie versuchen über so genannte Leerverkäufe bei fallenden Aktien- und Rentenkursen Gewinne einzufahren. Wer in Hedgefonds investiert, sollte sehr risikofreudig sein und sich sehr ausführlich von seinem Kundenberater informieren lassen.

Ausführliche Beratung notwendig

Vermögenswirksame Leistungen – von Arbeitgeber und Staat

Ein großes Vermögen lässt sich nicht mit ihnen verdienen, aber verschenken sollte man sie auf keinen Fall: die vermögenswirksamen Leistungen oder kurz VL. Arbeitnehmer und Auszubildende erhalten vom Staat eine Prämie in Form der so genannten Arbeitnehmersparzulage, wenn sie regelmäßig Teile ihres Lohnes für den Aufbau eines Vermögens zurücklegen. Diese Sparzulage wird jährlich vom Finanzamt festgesetzt und nach Ablauf einer gesetzlichen Sperrfrist, in der man über sein Geld nicht verfügen kann, ausbezahlt. Die Zulage wird nur dann gewährt, wenn der Arbeitgeber Teile des bereits versteuerten Lohnes unmittelbar auf ein Anlagekonto seines Arbeitnehmers überweist. Der Chef ist zur Überweisung dieser Beträge gesetzlich verpflichtet. Viele Arbeitgeber geben darüber hinaus auch ihrerseits einen Zuschuss zur Vermögensbildung.

Gesetzliche Sperrfrist

Ein VL-Vertrag muss für die Dauer von sechs Jahren angelegt sein. Bevor der Sparer über die angesammelte Summe verfügen kann, muss der Vertrag noch maximal ein Jahr ruhen. Anlagemöglichkeiten gibt es viele: Kapitallebensversicherungen, Bausparverträge oder Unternehmensbeteiligungen – etwa durch Aktienfonds, Mitarbeiteraktien oder Genossenschaftsanteile.

Anlage-Alternativen

Der Staat versüßt Bauspareinzahlungen seit 2004 nur noch mit einer Wohnungsbauprämie von 8,8 Prozent. Gefördert werden Einzahlungen von bis zu 512 Euro für Singles und 1024 Euro für Verheiratete. Das bedeutet maximale Prämien von 45,06/90,12 Euro pro Jahr.

Wohnungsbauprämie kann jeder ab 16 Jahren mit einem Bausparvertrag erhalten, wenn das zu versteuernde Jahreseinkommen 25 600 Euro bei einem Single oder 51 200 Euro bei verheirateten Paaren nicht übersteigt. Diese Einkommensgrenzen gelten weiterhin. Um die Bausparprämie in vollem Umfang auszunutzen, reicht eine monatliche Einzahlung von 43 Euro (Verheiratete 86 Euro). Das ergibt im Jahr genau jenen Betrag, der mit der maximalen Bausparprämie honoriert wird.

Arbeitnehmer-Sparzulage

Die Arbeitnehmersparzulage ist die zweite Komponente der staatlichen Bausparförderung. Seit Anfang 2004 gibt es nur noch neun Prozent auf vermögenswirksame Leistungen, die vom Arbeitgeber direkt vom Arbeitslohn an die Bausparkasse überwiesen werden. Voraussetzung für die Arbeitnehmersparzulage: Das zu versteuernde Jahreseinkommen liegt unter 17 900 Euro (Alleinstehende)/ 35 800 Euro (Verheiratete). Auch diese Einkommensgrenzen bleiben erhalten. Eine Arbeitnehmer-Sparzulage bekommt man auf Einzahlungen bis zu 470 Euro im Jahr, die vom Arbeitgeber häufig ganz oder teilweise als Zusatzleistung gezahlt werden. Die genaue Höhe regelt der Tarifvertrag. Der maximale Förderbetrag pro Jahr beträgt seit 2004 42,30 Euro.

Die Anlage von VL ist weiterhin beliebt. Ende 2004 verwalteten die Fondsgesellschaften 5,8 Millionen VL-Depots mit einem Vermögen von 7,9 Milliarden Euro. Nach Angaben des Branchenverbandes nutzt damit fast jeder fünfte Arbeitnehmer diese Sparform. Damit hat sich der Gesamtwert der VL-Depots in den vergangenen zehn Jahren fast verdreifacht.

Instrument für Millionen

Anzahl VL-Depots in Millionen

Ende 1996	Ende 1997	Ende 1998	Ende 1999	Ende 2000	Ende 2001	Ende 2002	Ende 2003	Ende 2004
2,0	2,1	2,3	3,7	4,9	5,5	5,6	5,7	5,8

Quelle: BVI 2005

Nach Berechnungen des BVI Bundesverband Investment und Asset Management e.V. verfügt, wer in den vergangenen 31 Jahren (fünf VL-Verträge plus ein Jahr Wartezeit, Stand Ende 2003) die vom Arbeitgeber gezahlten Leistungen in deutsche Aktienfonds-Sparpläne investierte, im Schnitt über ein Vermögen von 62 800 Euro – bei einer Einzahlung von 14 400 Euro. Bei der Berechnung legte der BVI eine monatliche Einzahlung von 40 Euro zugrunde ohne Berücksichtigung der Sparzulage.

Zusammenfassung

In diesem Kapitel sind die wichtigsten Finanzprodukte beschrieben. Ausgangspunkt bei der Klassifizierung sind dabei die beiden Formen der Geldanlage: Verleihen oder Beteiligen.

Geld verleihen

Bei Tages- und Termingeldern beispielsweise verleiht man sein Geld an eine Bank und erhält dafür Zinsen. Tages- und Termingelder sind sinnvoll, um kurzfristig Geld zu parken und um einen Notgroschen für einen kurzfristigen finanziellen Engpass zu halten. Man kann täglich ein- oder aussteigen.

Im folgenden Abschnitt wurden sichere und damit empfehlenswerte Anleihen beschrieben, die regelmäßig jährliche Zinsen einbringen. Bei diesen Anleihen ist davon auszugehen, dass die Anleger ihr Kapital am Ende der jeweiligen Laufzeit zu einhundert Prozent wieder zurückerhalten.

Auch wer mit einem Sparbuch anspart, verleiht Geld. Allerdings ist ein Sparbuch weniger eine Geldanlage als fast schon eine Tradition. Der Zins liegt oft nur minimal über der Inflationsrate.

Bausparen ist dann besonders sinnvoll, wenn man alle staatlichen Zuschüsse ausschöpfen kann. Üblicherweise nutzen Bausparer ihre Bausparsumme zur Immobilienfinanzierung. Allerdings kann man das ersparte Kapital auch an eine andere Person übertragen oder für andere Investitionen nutzen. Seit 2005 ist Schluss mit dem Steuerprivileg der Kapitallebensversicherungen. Bei Neuabschlüssen werden nun die Erträge zur Hälfte versteuert. Dies macht das Finanzprodukt in seiner jetzigen Form unattraktiver.

Beteiligungsprodukte

Zu den Beteiligungsprodukten gehört an erster Stelle die Aktie. Zu den Eigenschaften von Aktien zählen neben einer interessanten Renditechance und dem höheren Verlustrisiko auch eine kurzfristige Verfügbarkeit des eingesetzten Kapitals. Auch Investmentfonds investieren in Aktien, aber auch in andere Geldanlagen wie Renten oder Immobilien. Prinzipiell sind Investmentfonds flexible Instrumente, die das Verlustrisiko dämpfen.
Daneben gibt es im Markt viele weitere, allerdings oft auch risikoreichere Produkte. Uneingeschränkt empfehlenswert ist dagegen die Anlage von vermögenswirksamen Leistungen, da hier regelmäßig auch kleinere Beträge Gewinn bringend angelegt werden können.

Tipps für die verschiedenen Geldtypen

Souveräne

Sie haben schon in unterschiedliche Geldanlagen investiert. Sie nutzen wahrscheinlich bereits die beschriebenen Produkte wie beispielsweise Festgeld, Aktien, Aktienfonds oder Rentenfonds. Sie wissen, dass es sich lohnt, tiefer in das Thema Geld und Finanzen einzusteigen. Deswegen sollten Sie sich auch mit risikoreicheren Investments beschäftigen und dabei allerdings zunächst mit kleinen Beträgen »üben«. Eventuell kann für Sie eine Immobilie als Kapitalanlage sinnvoll sein. Nachzulesen im Kapitel »Ist mir eigener Herd wirklich Goldes wert?«

Ambitionierte

Auch wenn Ambitionierte gerne einmal spekulieren, achten sie in der Regel auf ein ausgeglichenes Portfolio. Ihr Schwerpunkt liegt bei vertrauten Produkten wie Sparverträge mit Banken, Bausparkassen und Fondsgesellschaften oder Immobilien zur Eigennutzung. Sie sehen Geld als wichtige Voraussetzung für Lebensqualität und soziale Anerkennung. Ambitionierte haben den höchsten Männeranteil der acht Geldtypen. Viele Männer neigen zum schnellen Ein- und Aussteigen. Doch denken Sie daran: »Hin und her macht Taschen leer«.

Vorsichtige

Sie pflegen einen rationalen Umgang mit Geld, aber Sie bleiben aufgrund ihrer übermäßig vom Sicherheitsdenken geprägten Einstellung häufig unter Ihren finanziellen Möglichkeiten. Deswegen: Lassen Sie Ihr Geld nicht nur auf Sparbuch, Giro- oder Tagesgeldkonto. Setzen Sie es zwar genauso sicher, aber renditebewusster ein. Denken Sie daran: Risikolos zu verdienendes Geld, das Sie nicht verdienen, entspricht einem finanziellen Verlust.

Pragmatiker

Unkompliziert soll es sein für Pragmatiker. Da sind Sie bei Geldanlagen richtig, die - einmal abgeschlossen - keine Arbeit mehr machen. Pragmatiker konzentrieren sich auf sichere und absichernde Anlagen wie Bausparverträge, Sparverträge, Rentenfonds und festverzinsliche Wertpapiere. Häufig besteht auch ein Interesse an Immobilien zur Eigennutzung. Da Sie für eine Baufinanzierung eine gute Portion Eigenkapital benötigen, könnte dies eines Ihrer Sparziele sein. Damit Sie weniger Kapital für Bau oder Erwerb Ihres Traumhauses aufnehmen müssen - pragmatisch eben.

Delegierer

Sie bevorzugen sichere und komfortable Produkte, um die Sie sich nicht aktiv kümmern müssen. Wahrscheinlich hat Ihnen ein Freund oder ein Finanzberater dazu geraten. Doch nur wenn Sie Ihre Geldanlagen selber kennen, können Sie entscheiden, ob diese wirklich Ihren Zielen und Bedürfnissen gerecht werden. Deswegen die Empfehlung: Lernen Sie Ihre vorhandenen Geldanlagen kennen. Beobachten Sie deren Wertentwicklung. Prüfen Sie auch, ob Ihr Portfolio Ihren Liquiditätsbedürfnissen gerecht wird und ausreichend gut diversifiziert ist. Mit diesem Wissen sind Sie bestens gewappnet für das nächste Beratungsgespräch.

Bescheidene

Bescheidene haben häufig nur Sparbücher, Bausparverträge und eventuell ein Eigenheim. Sie interessieren sich für die staatlichen Förderungen. Auch wenn Sie wissen, wie ja schon erläutert, dass diese keine Bestandsgarantie haben, sondern mit einem Federstrich in Berlin verändert, verringert oder abgeschafft werden können, sollten Sie mit diesen Finanzprodukten Geld anlegen - es entspricht Ihrer Mentalität. Verpassen Sie aber auch nicht die Chancen anderer sicherer Anlageprodukte. Beispiel: Bundeswertpapiere mit der kostenlosen Verwaltung. Auch eine Art der staatlichen Förderung.

Leichtfertige

Leichtfertige besitzen nur wenig: ein Sparbuch und manchmal eine Kapitallebensversicherung. Menschen Ihres Geldtyps sind interessiert - aber auch nur interessiert, mehr nicht - an einem Bausparvertrag, der Schaffung von Wohneigentum und der Riester-Rente. Bedenken sollten Sie die Notwendigkeit der Eigenvorsorge, eine Problematik, die im folgenden Kapitel ausführlich erläutert wird. Und auch für die nächste Generation, für die Ausbildung Ihrer Kinder, ist es nötig, dass Sie sich mit Geld auseinander setzen. Tipp: Arbeiten Sie mit dem Terrassenmodell.

Überforderte

Sie besitzen kaum Rücklagen, allenfalls ein normales Sparkonto. Feilen Sie an Ihrer Vermögensbildung, wann immer Sie die Möglichkeit dazu haben. Berücksichtigen Sie beispielsweise die Chancen der vermögenswirksamen Leistungen. Steigen Sie zudem mit kleinen regelmäßigen Sparraten in Investmentfonds oder Bundesschatzbriefe ein. Diese Selbstdisziplin bringt Ihnen nach und nach schöne Erträge und lässt Sie sicherer werden im Umgang mit Ihren Finanzen.

Das Bild rechts dürften die meisten kennen: Die Altersvorsorge, getragen von den drei Säulen gesetzliche, betriebliche und private Altersvorsorge. Doch die erste Säule bröckelt und die zweite Säule kann nicht die ganze Last tragen. Deswegen wird die dritte Säule – die private Altersvorsorge – immer wichtiger.

Warum ist Altersvorsorge wichtig für mich und was sollte ich tun?

Leitfragen aus dem Kanon der finanziellen Allgemeinbildung

Welche gesamtwirtschaftlichen Rahmenbedingungen muss ich verstehen, weil sie unmittelbaren Einfluss auf meine Finanzen haben?
Was ist speziell zur Altersvorsorge zu beachten?

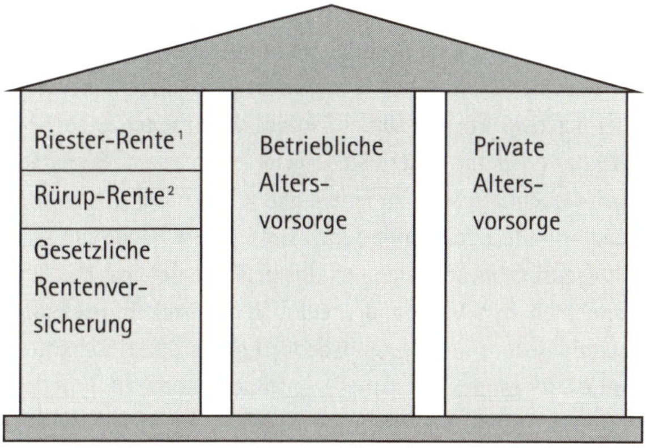

[1] Private Altersvorsorge mit staalichen Zulagen
[2] Private Altersvorsorge mit steuerlicher Förderung

Die drei Säulen der Altersvorsorge

Altersvorsorge und Rente sind keine leichten Themen. Sie erfordern nicht nur beim Lesen des Ratgebers Geduld. Dieses Kapitel führt Sie so einfach wie möglich und so ausführlich wie nötig in die Thematik ein.

Eine alternative Darstellung: das Schichtenmodell

Als Alternative zum Säulen-Modell kann man sich die Altersvorsorge auch als übereinander liegende Schichten – wie bei einer Zwiebel – vorstellen.

1. Schicht: Basisversorgung (mit gesetzlicher Rente und Rürup-Rente)
2. Schicht: Kapitalgedeckte Zusatzversicherung (betriebliche Rente, Riester-Rente)
3. Schicht: Kapitalanlageprodukte (ohne staatliche Förderung)

Säulen oder Schichten – die Altersvorsorge sollte aus mehreren Bausteinen bestehen.

Gesetzliche Rentenversicherung: Statt Vollversorgung nur noch Basissicherung

Deutsche Tradition seit 1881

Kein Tag ohne Diskussion über die gesetzliche Rentenversicherung. In der Geburtsstunde der Sozialversicherung hätte man sich unsere heutigen Probleme nicht vorstellen können: Die kaiserliche Botschaft Wilhelm I. vom 17. November 1881 ist die Geburtsurkunde der deutschen Sozialversicherung. Reichskanzler Otto von Bismarck schuf sie zur Beruhigung der aufgebrachten Arbeiterklasse. Deswegen wurden die Arbeiter gegen Krankheit, Unfall, Invalidität und materielle Not im Alter versichert.

»Schon im Februar d.J. haben Wir Unsere Überzeugung aussprechen lassen, dass die Heilung der sozialen Schäden nicht ausschließlich im Wege der Repression sozialdemokratischer Ausschreitungen, sondern gleichmäßig auf dem der positiven Förderung des Wohles der Arbeiter zu suchen sein werden. Wir halten es für Unsere Kaiserliche Pflicht, dem Reichstage diese Aufgabe von Neuem ans Herz zu legen, und würden Wir mit umso größerer Befriedigung auf alle Erfolge, mit denen Gott unsere Regierung sichtlich gesegnet hat, zurückblicken, wenn es Uns gelänge, dereinst das Bewußtsein mitzunehmen, dem Vaterlande neue und dauernde Bürgschaften seines inneren Friedens und den Hilfsbedürftigen größere Sicherheit und Ergiebigkeit es Beistandes, auf den sie Anspruch haben, zu hinterlassen.«

1883 kam dann das Gesetz zur Krankenversicherung, 1884 die Unfallversicherung. 1889 startete die staatliche Altersversorgung mit dem Gesetz über die Alters- und Invaliditätssicherung. Jeder sollte mit einem Mindestbetrag für seine Altersvorsorge aufkommen. Und durch einen Arbeitgeberanteil und Staatszuschüsse wurde eine Grundversorgung garantiert. Eine Altersrente gab es ab 70 Jahren. 1911 wurden dann auch die Angestellten versicherungspflichtig. Bis 1956 war unser Rentensystem so aufgebaut, dass die Versicherten auf einem persönlichen Rentenkonto Kapital ansparten – das so genannte Kapitaldeckungsverfahren. Mit der ersten Rentenreform 1957 stellten die Sozialpolitiker auf das Umlageverfahren um, gerne auch Generationenvertrag genannt. Denn die Beitragszahlungen der Berufstätigen werden umgehend an die Rentner ausgezahlt. Das System verlangt keine Ansparung; nur eine Mindestreserve von einem Monat wurde bislang in der Rentenkasse gehalten.

Generationenvertrag

90 Prozent aller Erwerbstätigen sind Mitglied der gesetzlichen Rentenversicherung. Wer ein festes Arbeitsverhältnis hat, ist pflichtversichert. Die meisten Bundesbürger werden also zu dieser Form der

Viele Deutsche überschätzen ihre künftige Rente

Viele Deutsche machen sich kein realistisches Bild über ihre finanzielle Situation im Alter. Das ist das Ergebnis einer Studie des Bundesverbandes deutscher Banken, veröffentlicht im November 2004. Demnach fühlen sich zwei Drittel der Befragten gut für das Alter abgesichert. Je älter die Befragten, desto zuversichtlicher die Aussagen: Gehören in der Altersgruppe der 18- bis 24-Jährigen diejenigen, die sich für gut abgesichert halten, noch zur Minderheit, sind es bei den 50- bis 59-Jährigen schon 71 Prozent. Mit 49 Prozent glaubt fast die Hälfte der Befragten, schon heute zu wissen, wie hoch ihre späteren Rentenbezüge sein werden. Auch diese Zahl steigt mit dem Alter zwar an, liegt aber bei den 25- bis 29-Jährigen immerhin auch schon bei 34 Prozent und bei den 30- bis 39-Jährigen sogar schon bei 47 Prozent. Fast zwei Drittel der Befragten (65 Prozent) verfügen über eine private Zusatzversicherung. In 20 Prozent der Fälle handelt es sich dabei um eine Riester-Rente. Der Anteil der Befragten, der eine Riester-Rente abgeschlossen hat, liegt damit lediglich bei etwa 14 Prozent. Die überwältigende Mehrheit der Befragten, die bislang keine Riester-Rente abgeschlossen haben (86 Prozent), gab an, dass sie das auch in Zukunft nicht tun wollen. Die Ergebnisse der Studie beruhen auf einer vom Mannheimer Ipos-Institut im Auftrag des Bankenverbandes durchgeführten repräsentativen Umfrage unter 1516 volljährigen Personen.

Zwei Drittel der Deutschen haben eine private Zusatzversicherung.

Geldanlage gezwungen. Zudem gibt es freiwillig Versicherte, wie beispielsweise Selbstständige. Viele Berufsgruppen haben eigene berufsständische Versorgungswerke, in denen sie teilweise pflichtversichert sind, beispielsweise Ärzte, Zahnärzte, Architekten, Rechtsanwälte und Apotheker.

Bislang werden die rund 51 Millionen gesetzlich Rentenversicherten und 23 Millionen Rentner von 26 Rentenversicherungsträgern betreut. Diese zahlen etwa 15 Millionen Altersrenten und knapp 1,9 Millionen Renten wegen Erwerbsminderung aus. Dazu kommen 5,5 Millionen Witwen-/Witwerrenten und knapp eine halbe Million Waisenrenten. Der Jahreshaushalt der gesetzlichen Rentenversicherung beträgt rund 215 Milliarden Euro. Die Einnahmen kommen zu rund 75 Prozent aus Beiträgen und zu 25 Prozent aus Bundeszuschüssen. Die gesetzliche Rentenversicherung zahlte 2003 rund 190 Milliarden Euro an Renten, 13 Milliarden Euro für die Krankenversicherung der Rentner und knapp 4,5 Milliarden Euro für Rehabilitationsleistungen.

»Deutsche Rentenversicherung«

Die 26 Rentenversicherungsträger setzen sich zusammen aus der bundesweit tätigen Bundesversicherungsanstalt für Angestellte, 22 regionalen Landesversicherungsanstalten und den überregionalen Sonderanstalten wie Bahnversicherungsanstalt, Seekasse und

Bundesknappschaft. Mit dieser teuren Vielfalt soll ab 2005 Schluss sein. Die »Deutsche Rentenversicherung« arbeitet nun unter einem gemeinsamen Namen. Davon versprechen sich Experten bis 2010 Einsparungen von bis zu 350 Millionen Euro im Jahr, einem Zehntel der Verwaltungskosten von rund 3,6 Milliarden Euro. Künftig wird bei der Rentenversicherung zwischen Arbeitern und Angestellten nicht mehr unterschieden. Vielmehr soll für die Versicherten ein einheitlicher Arbeitnehmerbegriff gelten.

Ist die Rente noch sicher?

Reform des Generationenvertrags

Unser System der gesetzlichen Alterssicherung ist im Umbruch. Die alten Grundsätze des Generationenvertrages müssen mit der Entwicklung der Altersstruktur, der sinkenden Geburtenrate und der steigenden Lebenserwartung sowie der stetig hohen Arbeitslosigkeit in Einklang gebracht werden. Denn diese gefährden das Rentensystem. Wenn zu wenige Arbeitende zu viele Rentner versorgen müssen, muss entweder die Rente sehr niedrig ausfallen oder die Abgabenlast ist zu hoch im Verhältnis zum Gesamteinkommen.

Altersarmut droht

Und das vor allem den Frauen. 2002 erhielten sie im Schnitt nur 555 Euro Rente monatlich, während männliche Rentner mit 929 Euro fast über den doppelten Betrag verfügten. Zudem schätzen Frauen ihre Rentenansprüche deutlich zu hoch ein. Das ergab eine Umfrage der Delta Lloyd in Zusammenarbeit mit TNS Infratest. Ihre Sparleistung für die Absicherung im Alter ist mit 50 bis 100 Euro weitaus niedriger als die der Männer mit 100 bis 200 Euro.

Belastende Faktoren für das Rentensystem

Das Rentensystem wird also durch ein ungünstiges Verhältnis von Jung zu Alt geschwächt. Diese Entwicklung hat verschiedene Gründe: Die Menschen werden älter als früher und es werden weniger Kinder geboren. Zusätzlich belastend ist, dass die Jungen nicht so in die Rentenkasse einzahlen können, wie sie es gerne möchten: Die hohe Arbeitslosigkeit ist Gift für die Leistungsfähigkeit des Rentensystems. Zudem haben politische Entwicklungen das Rentensystem geschwächt. So ist durch die Zuwanderung von Spätaussiedlern die Zahl von Leistungsempfängern angewachsen. Ein weiterer Punkt: Nach der Wiedervereinigung wurde die Altersversorgung der neuen Bundesländer auf die Rentenversicherung der alten Bundesländer übertragen. Auch gehen immer mehr Menschen frühzeitig in den Ruhestand.

Rendite der gesetzlichen Rentenversicherung sinkt tendenziell

Von 1997 bis 2004 ist die Rendite der Einzahlungen in die gesetzliche Rentenversicherung um 0,2 Prozentpunkte gesunken. Renten, die ab 2030 ausbezahlt werden, bringen es nach Berechnungen der Bundesversicherungsanstalt für Angestellte (BfA) dann noch auf drei Prozent Rendite. Damit versucht die BfA der Behauptung entgegenzutreten, dass die gesetzliche Rente für viele eine negative Rendite brächte.
Errechnet hat dies die BfA mit plausibel erscheinenden Berechnungsverfahren. Dabei gibt es allerdings einen großen Schwachpunkt: Es wurden 45 Beitragsjahre unterstellt, in denen der Versicherte stets zu den Durchschnittsverdienern gehörte. Auf solch ungebrochene Erwerbsbiografien kommen die Deutschen allerdings kaum, sodass die errechneten Renditen wohl nicht erreicht werden. Unterstellt wird ein Rentenbeginn mit 65 Jahren.

Rendite der gesetzlichen Rentenversicherung für Neurentner 2004 bis 2040

Beginn	2004	2010	2020	2030	2040
Lediger Mann					
Rendite in Prozent	4,0	3,6	3,1	3,0	3,0
Ledige Frau					
Rendite in Prozent	4,6	4,2	3,7	3,6	3,6

Die Rendite für verheiratete Männer entspräche in etwa der Rendite für Frauen.

Nur noch wenige erreichen 45 Beitragsjahre

Die gesetzliche Rentenversicherung wird häufig als erste Säule der Altersvorsorge bezeichnet. Dabei ist es schon einige Zeit her, dass der damalige Bundesarbeitsminister Norbert Blüm (CDU) 1986 die Plakataktion » ... denn eins ist sicher: Die Rente« startete. Sicher ist dabei aber leider nur, dass jeder Beitragszahler einen verfassungsrechtlich geschützten Rentenanspruch erwirbt. Leider wird über die Höhe der Rente keine Aussage gemacht. Aber so viel ist sicher: Langfristig wird die gesetzliche Rente nur noch eine Minimalversorgung sicherstellen können.

Die gesetzliche Rente als Minimalversorgung

Hotline zur Rente

Für alle Fragen zur Rentenreform und gesetzlicher Rentenversicherung hat das Bundessozialministerium ein kostenloses Bürgertelefon eingerichtet. Zu erreichen: montags bis donnerstags zwischen 8 und 20 Uhr unter der Telefonnummer 08 00 / 1 51 51 50.

Nachhaltigkeitsfaktor

Rentenreform 2003/2004: Das Wichtigste in Kürze

Nachhaltigkeit

Der Entwurf des Bundeskabinetts führt als Reaktion auf die demografischen Entwicklungen einen Nachhaltigkeitsfaktor in die Rentenformel ein. Dadurch soll die Zahl von Rentnern und Beitragszahlern zueinander in Beziehung gesetzt werden. Die jährliche Rentenanpassung wird dadurch gedrosselt.

Von 60 auf 63 Jahre

Außerdem stoppt die Bundesregierung den anhaltenden Trend zur Frühverrentung. Nun kann man erst mit 63 Jahren ohne Abschläge in Rente gehen.

Höhere Bildung ohne Rentenbonus

Zudem werden Schul-, Fachschul- und Hochschulausbildung nach Vollendung des 17. Lebensjahres bei der Ermittlung der Rentenhöhe nicht mehr angerechnet. Zuvor bekam jeder Arbeitnehmer für seine Ausbildungszeit pauschal drei Beitragsjahre angerechnet, was etwa 78 Euro Rente ausmachte.

Schrittweise Einführung der nachgelagerten Besteuerung

Nachgelagerte Besteuerung von Alterseinkünften

Rentenbeiträge sind seit 2005 steuerfrei. Im Gegenzug werden die Altersrenten besteuert. Mit dieser Neuregelung wird eine Entscheidung des Bundesverfassungsgerichtes umgesetzt, das die ungleiche Besteuerung von Beamtenpensionen und gesetzlichen Renten gerügt hatte. Nun wird die nachgelagerte Besteuerung ab 2005 bis 2040 schrittweise eingeführt. Das bedeutet: Beiträge für die Rente werden nun schrittweise nicht mehr vorgelagert, sondern nachgelagert bei der eigentlichen Rentenauszahlung versteuert. So wird ab 2005 die Hälfte der Rente besteuert. Das gilt für Bestands- und für Neurenten. Bei späteren Rentenneuzugängen steigt der steuerpflichtige Anteil bis ins Jahr 2020 jährlich um zwei Prozent, hat dann 80 Prozent erreicht, und nimmt 2020 bis 2040 um nur ein Prozent zu. Wer später als 2040 in Rente geht, muss die gesetzliche Rente voll zu 100 Prozent versteuern.
Allerdings gibt es einen Grundfreibetrag in Höhe von derzeit 7 664 Euro pro Person und Jahr. Außerdem können bestimmte Ausgaben wie Kranken- und Pflegeversicherungsbeiträge und andere Sonderausgaben von den Einnahmen abgezogen werden.

Renteninformation: Zukunft besser planbar

Die Rentenreform brachte neben der Riester-Rente und der Renaissance der betrieblichen Altersvorsorge auch eine echte Innovation: die Renteninformation, die von nun an jährlich die Versicherten zwischen 27 und 54 Jahren über den Stand ihrer zu erwartenden gesetzlichen Rente informiert. Ab 55 Jahren wird die Renteninformation durch die Rentenauskunft ersetzt. Die Rentenauskunft kommt alle drei Jahre und enthält einen kompletten Versicherungsverlauf und den vollständigen Gang der Rentenberechnung – jedoch keine Hochrechnung wie die Renteninformation.

Jährliche Renteninformation

Die Renteninformation soll ein Hilfsmittel für die Planung der Altersvorsorge sein, da sie über den aktuellen Stand des Rentenkontos informiert. Sie ist sozusagen der Kontoauszug Ihrer bisher erworbenen Rentenansprüche. So gibt die Renteninformation Auskunft über alle Beiträge, die bisher auf das persönliche Rentenkonto eingezahlt wurden sowie über alle Zeiten, die für die Ermittlung der Rente von Bedeutung sind. Voraussetzung ist, dass über diese Versicherungszeiten ein Nachweis vorliegt. Angezeigt werden zudem bisher erworbene Rentenansprüche und die Höhe der voraussichtlichen Rente. Durch die jährliche Zusendung können die Versicherten auch erfahren, wie sich ihre weiteren Beiträge auf ihre Ansprüche ausgewirkt haben. Aber: Dieser Kontoauszug löst keinen Rechtsanspruch aus. Unklarheiten oder mögliche Fehler können allerdings frühzeitig durch persönliche Beratung mit dem Rentenversicherungsträger geklärt werden.

Kritik

Doch kaum waren im Jahre 2002 die ersten Renteninformationen verschickt, hagelte es schon Kritik: Bei den Berechnungen wird die Inflation nicht berücksichtigt. Deswegen entsteht ein zu positiver Eindruck. Auch wird neben der Hochrechnung ohne Rentenanpassung und einer solchen mit 1,5 Prozent auch die optimistische Variante mit einer jährlichen Rentensteigerung von 3,5 Prozent angeboten. Immerhin wird die Prognose ohne Berücksichtigung von Rentenanpassungen – der wahrscheinlichste Fall eines realen Nullwachstums bei den Renten – jetzt optisch besonders herausgestellt.

So sieht die Renteninformation aus:

Versicherter:	Karin Mustermann
Versicherungsnummer:	10 121065 M 506

1. Grundlage der Rentenberechnung

Die Höhe einer Rente richtet sich im Wesentlichen nach dem Arbeitsverdienst bzw. den eingezahlten Pflicht- oder freiwilligen Beiträgen. Diese rechnen wir in Entgeltpunkte um. Daneben können Sie aber auch Entgeltpunkte für bestimmte Zeiten erhalten, in denen Sie keinen Arbeitsverdienst erzielt haben.

Insgesamt haben Sie bisher **31,4910** Entgeltpunkte erworben.

Diese ergeben sich, weil Sie

als Arbeitnehmer oder selbstständig tätig waren	29,4782
beitragsfreie Zeiten (z. B. Schule oder Studium) zurückgelegt haben	0,7628
sonstige Beiträge entrichtet haben	1,2500

2. Rente wegen voller Erwerbsminderung

Würden Sie heute voll erwerbsgemindert sein, bekämen Sie eine monatliche Rente von: **1.249,06 EUR**

3. Hochrechnungen Ihrer künftigen Altersrente

Ihre bislang erreichten Rentenanwartschaften würden nach heutigem Stand einer monatlichen Altersrente von **814,36 EUR** entsprechen. Sollten Sie bis zur Vollendung des 65. Lebensjahres jährlich 1,8049 Entgeltpunkte (wie im Durchschnitt der letzten fünf Kalenderjahre) erwerben, bekämen Sie ohne Berücksichtigung von Rentenanpassungen eine monatliche Altersrente von: **1.863,71 EUR**

Ihre Rente wird aber aufgrund künftiger Rentenanpassungen höher ausfallen. Leider können wir die Entwicklung nicht vorhersehen. Wir haben zwei Varianten für Sie gerechnet: Beträgt der jährliche Anpassungssatz 1,5 Prozent, so ergäbe sich zum 65. Lebensjahr eine Rente von monatlich 2.585,12 EUR, bei 3,5 Prozent eine solche von 3.973,90 EUR. Diese Beträge sind – insbesondere wegen eines Anstiegs der Lebenshaltungskosten – in Ihrer Kaufkraft nicht mit heutigem Einkommen vergleichbar.

4. Versicherungszeiten

In Ihrem Rentenkonto (Stand 29. 01. 2003) sind Zeiten für Sie vom 01. 08. 1976 bis einschließlich 31. 12. 2002 gespeichert.

5. Rentenbeiträge

Bisher haben wir für Ihr Rentenkonto folgende Beiträge erhalten:

Von Ihnen	**67.725,14 EUR**
Von Ihrem/er Arbeitgeber/in	**67.725,14 EUR**
Von öffentlichen Kassen (z. B. Krankenkassen, Arbeitsamt)	**3.548,89 EUR**

Erläuterungen zur Renteninformation

Zu Punkt 1

Als erstes werden auf der Renteninformation die bislang erzielten Entgeltpunkte gezeigt. Die Höhe der Rente richtet sich nach der Höhe der während des Arbeitslebens von Arbeitgebern und dem Arbeitnehmer gezahlten Beiträge. Seit 1992 wird dieses Einkommen in so genannte Entgeltpunkte umgerechnet, indem das eigene Einkommen durch das Durchschnittsentgelt im jeweiligen Kalenderjahr geteilt wird. Wer also in einem Jahr genauso viel rentenversicherungspflichtiges Entgelt erzielt hat wie der Durchschnitt der Einzahler – das sind derzeit 28 518 Euro –, erhält dafür einen Entgeltpunkt. Aus 45 Entgeltpunkten, die 45 Jahren Durchschnittsverdienst entsprechen, ergibt sich derzeit eine Standard-Bruttorente von 1163,70 Euro (West) oder 1021,50 Euro (Ost). Je höher die Summe der persönlichen Entgeltpunkte, desto höher die individuelle Rente.

Entgeltpunkte

Entgeltpunkte spielen bei der Rentenformel, nach der jede Rente errechnet wird, eine wichtige Rolle. Weiterhin ist der aktuelle Rentenwert zur Ermittlung der persönlichen Rentenansprüche wichtig. Er wird jährlich neu vom Gesetzgeber festgelegt (meist um einige Cent erhöht) und entspricht dem Betrag, der sich nach einem Jahr Durchschnittsverdienst als monatliche Altersrente ergibt. Solange noch unterschiedliche Einkommensverhältnisse in den alten und neuen Bundesländern herrschen, gelten unterschiedliche Rentenwerte. Seit Juli 2004 26,13 Euro (alte Bundesländer) und 22,97 Euro (neue Bundesländer).

Der aktuelle Rentenwert

Der dritte Faktor in der Rentenformel ist der Rentenartfaktor. Bei der Altersrente entspricht er 1,0, verändert also die Höhe der voraussichtlichen Monatsrente nicht.

Rentenartfaktor

Die Rentenformel

Persönliche Entgelt-punkte	x	Renten-art-faktor	x	aktueller Renten-wert	=	voraussichtliche Monatsrente

Zu Punkt 2

So viel Rente würden Sie im Fall einer vollen Erwerbsminderung heute monatlich bekommen. Etwa 200 000 Menschen jährlich können wegen eines Unfalls oder einer Krankheit nicht mehr arbeiten. Sie erhalten – je nach Schwere der gesundheitlichen Beeinträchtigung – eine Rente wegen teilweiser oder voller Erwerbsminderung. In die Berechnung der Rente fließt neben den bereits erworbenen Rentenansprüchen auch die so genannte Zurechnungszeit ein. Diese gehört als beitragsfreie Zeit zu den rentenrechtlichen Zeiten. Sie wird

Rente bei Erwerbsminderung

als soziale Komponente bei einer Rente wegen Erwerbsminderung oder bei Hinterbliebenenrente zu den übrigen vom Versicherten tatsächlich zurückgelegten Zeiten hinzugerechnet. Sie gewährleistet dadurch eine ausreichende finanzielle Absicherung auch in den Fällen, in denen ein Versicherter bereits in jungen Jahren nicht mehr erwerbsfähig ist. Der Versicherte wird so gestellt, als hätte er während der Zurechnungszeit entsprechend der bisherigen durchschnittlichen Beitragsleistung Beiträge zur Rentenversicherung gezahlt.

Zu Punkt 3

Aktueller Rentenanspruch

Die nächste Angabe nennt Ihre Rente nach heutigem Stand. Eine Zahl, die naturgemäß bei jungen Versicherten wenig aussagekräftig sein kann. Deshalb wird hochgerechnet, wie sich die Rente weiterentwickelt, wenn bis 65 weitergearbeitet und -verdient wird. Diese Angabe ist der wichtigste Wert der Renteninformation, da sich hiermit jeder selbst ausrechnen kann, ob er eventuell eine zusätzliche Altersvorsorge braucht.
Die beiden nächsten Zahlen liefern Anhaltspunkte dafür, wie hoch Ihre monatliche Altersrente nach heutigem Stand bei einer angenommenen jährlichen Anpassung von 1,5 oder 3,5 Prozent sein würde. Das sind nur rechnerische Spielchen, denn sie vermitteln keine realistische Größenordnung einer zukünftigen Rente.

Zu Punkt 4

Versicherungsverlauf

Auf einem gesonderten Blatt der Renteninformation ist der Versicherungsverlauf aufgelistet. Darin werden alle gespeicherten rentenrechtlichen Zeiten in zeitlicher Reihenfolge dargestellt und erläutert. So können Sie auch erkennen, für welche Zeiten noch Versicherungsnachweise fehlen. Solche Nachweislücken sollten Sie schließen. Grundsätzlich kann eine Altersrente nur beantragen, wer zuvor eine bestimmte Zeit der Rentenversicherung angehört hat. In der Versicherungssprache heißt diese Zeit auch Wartezeit.
Für langjährige Versicherte gilt eine Wartezeit von 35 Jahren. Für diesen sehr großen Zeitraum werden alle rentenrechtlichen Zeiten berücksichtigt. Dazu zählen natürlich die Beitragszeiten, aber auch beitragsfreie Zeiten und so genannte Berücksichtigungszeiten.

Rentenrechtliche Zeiten

Beitragszeiten sind die Monate, für die Pflichtbeiträge oder freiwillige Beiträge zur Rentenversicherung gezahlt worden sind. Dazu rechnen zum Beispiel auch Kindererziehungszeiten.

Beitragsfreie Zeiten: Dazu zählen hauptsächlich Ersatzzeiten, Anrechnungszeiten und die Zurechnungszeit.

Ersatzzeiten sind Zeiten ohne Beitragsleistung, weil der Versicherte an der Zahlung von Beiträgen gehindert war, zum Beispiel durch Kriegsgefangenschaft, NS-Verfolgung, Flucht oder politische Haft in der DDR.

Anrechnungszeiten sind zum Beispiel Zeiten, in denen der Versicherte wegen Krankheit arbeitsunfähig, wegen Schwangerschaft, Mutterschaft oder Arbeitslosigkeit nicht versichert war oder nach dem 17. Lebensjahr eine Schule sowie eine Fach- oder Hochschule besucht hat.

Zurechnungszeit: Um Versicherten, die in jungen Jahren vermindert erwerbsfähig werden, eine ausreichende Rente zu sichern, werden ihnen Zurechnungszeiten angerechnet. Zurechnungszeit ist die Zeit vom Eintritt der Erwerbsminderung bis zur Vollendung des 60. Lebensjahres.

Berücksichtigungszeit ist die Erziehung eines Kindes bis zu dessen vollendetem 10. Lebensjahr. In der Zeit vom Januar 1992 bis März 1995 konnte man auf Antrag auch durch die nicht erwerbsmäßige Pflege eines Angehörigen Berücksichtigungszeiten wegen Pflege erwerben.

Quelle: Bundesversicherungsanstalt für Angestellte www.bfa.de, BfA-Nachschlagewerk

Nicht nur die Beitragszeiten sind relevant.

Kontenklärung oder Kontenergänzung

Wenn Sie feststellen, dass in Ihrer Renteninformation Daten nicht stimmen oder unvollständig sind, sollten Sie bei Ihrem Rentenversicherungsträger umgehend einen formlosen Antrag auf Kontenklärung oder Kontenergänzung stellen. Dabei sind die Korrekturen des Rentenverlaufs nicht an eine Frist gebunden. Man verliert also keine Rentenansprüche. Aber im Laufe der Jahre wird es immer schwieriger, die erforderlichen Unterlagen zusammenzubringen, daher sollte man die Angelegenheit möglichst schnell angehen. Persönliches Erscheinen bei Ihrem Rentenversicherer ist sinnvoll. Für den Termin bei Ihrem Rentenversicherungsträger benötigen Sie die nötigen Nachweisdokumente wie Zeugnisse, Personalausweis und Ihre Versicherungsnummer. Was Sie beachten müssen: Sie sollten sich um eine komplette Dokumentation Ihres Arbeitslebens bemühen, denn Sie verzichten sonst auf bares Geld. Nachweislücken sind nicht nur

Klären Sie alle Unstimmigkeiten mit dem Rentenversicherungsträger.

Zeiten, in denen nicht für die Rente einbezahlt wurde, sondern sie mindern, weil sie auf die Gesamtzeit verrechnet werden, Ihre zukünftige Rente. Eventuelle Lücken im Versicherungsverlauf sind erkennbar. Jeder Versicherte sollte im eigenen Interesse dafür sorgen, dass solche Lücken geschlossen werden. Das ist durch entsprechende Unterlagen möglich, die diese Zeiten – auch nachträglich – belegen.

Lücken im Versicherungsverlauf schließen

Zur Vertiefung: vor- und nachgelagerte Besteuerung

Entscheidend für die steuerliche Behandlung aller Renten – also gesetzlicher, privater und betrieblicher – ab 2005 ist grundsätzlich die Finanzierung. Wichtig ist, ob Beitragszahlungen für die Altersvorsorge, gezahlt vom Arbeitnehmer oder vom Arbeitgeber, bereits versteuert sind – oder nicht. Wenn schon Steuern auf die gezahlten Gelder bezahlt wurden, sind die daraus resultierenden Rentenzahlungen steuerlich begünstigt. Hier spricht man von vorgelagerter Besteuerung. Sie unterliegen allerdings noch der Besteuerung auf den Ertragsteil. Das war die bis 2004 übliche Vorgehensweise, bei der man die schon versteuerten Einkommen für die Altersvorsorge einsetzte. Wurden die Beiträge in der Erwerbsphase noch nicht versteuert, unterliegen sie in der Rentenphase voll der Einkommensteuer. Das ist die nachgelagerte Besteuerung.

Private Rentenversicherung

Beispiel private Rentenversicherung. Der Arbeitnehmer leistet die Beiträge aus seinem Nettoeinkommen, also nach Abzug der Lohnsteuer. Die Finanzierung erfolgt somit aus versteuertem Einkommen. Die spätere Rentenzahlung ist nur teilweise steuerpflichtig und zwar mit dem Ertragsanteil. Das ist dann eine vorgelagerte Besteuerung.

Unterstützungskasse

Beispiel Unterstützungskasse (einer der so genannten Durchführungswege der betrieblichen Vorsorge): Die vom Arbeitgeber geleisteten Beiträge mussten vom Arbeitnehmer nicht versteuert werden. Die spätere Rentenzahlung ist daher in vollem Umfang steuerpflichtig. Diese ist ein Beispiel für die nachgelagerte Besteuerung von Renten.

Bei der nachgelagerten Besteuerung sind also zunächst keine Steuern auf die betreffenden Einkommensteile zu zahlen. Die Steuern kommen dann nachgelagert, also bei der Auszahlung der Rente im Ruhestand. Der Vorteil der nachgelagerten Besteuerung: In den meisten Fällen zahlt man in der Rentenphase weitaus geringere Steuersätze als in der Erwerbsphase, weil das Einkommen dann in der Regel niedriger ist. Eines ist dabei aber sicher: Der Einzelne, ob als Arbeitnehmer oder als Rentner, wird nur einmal zur Kasse gebeten.

Riester-Rente: kein Schlager, aber sinnvoll für Familien

Der frühere Bundesarbeitsminister Walter Riester, dessen Nachname mittlerweile untrennbar mit der Rentenreform 2001 verknüpft ist, wird zumindest durch eine Novität in die Geschichte der gesetzlichen Rentenversicherung eingehen: Zu dem alten Umlageverfahren kam der Einstieg in die private kapitalgedeckte Altersvorsorge, in welche die Rentenversicherten zusätzlich eigenes Kapital einzahlen. Die Riester-Rente soll als private Altersvorsorge die gesetzliche Rente ergänzen und damit helfen, das Rentenniveau hoch und die Beiträge moderat zu halten. Denn das allgemeine Rentenniveau – so die Darstellung der Bundesregierung – sank von 70 auf 67 Prozent des Nettoeinkommens. Dabei ist die neue Privatvorsorge freiwillig – niemand wird zu dieser Form der zusätzlichen Altersvorsorge gezwungen. Wer nicht mitmacht, bekommt später weniger. Wer sich jedoch dazu entschließt, wird vom Staat durch finanzielle Zuschüsse oder Steuervorteile gefördert.

Einstieg in die Kapitaldeckung

Die Riester-Rente ist kein Absatzrenner. Bislang ist von etwa 3,5 Millionen Verträgen auszugehen. Davon wurden drei Millionen Verträge bei Versicherern, knapp 300 000 bei Fondsgesellschaften und etwa 250 000 bei verschiedenen Banken abgeschlossen.

Riester ist kein Absatzrenner

Welche Anbieter Riester-Sparer bevorzugen

Versicherer	82,5 Prozent
Investmentgesellschaften	6,7 Prozent
Banken	5,6 Prozent
Pensionskassen/-fonds	5,2 Prozent

Quelle: Zentrale Zulagenstelle, Stand Oktober 2004

Wer wie gefördert wird

Ab 2004 können zwei Prozent des unversteuerten Bruttoeinkommens für die Riester-Rente verwendet werden. Der Staat steuert dann 76 Euro bei. Wer von 2006 an drei Prozent spart, erhält 114 Euro. Und von 2008 an gibt es für die Sparsumme von vier Prozent des Einkommens 154 Euro.

Anstieg in Zwei-Jahres-Schritten: Die Grundzulage beträgt pro Jahr	
in den Jahren 2004 und 2005	76 EUR
in den Jahren 2006 und 2007	114 EUR
ab dem Jahr 2008	154 EUR

Das sind die Jahreszulagen, die jedem gesetzlich Rentenversicherten zustehen. Dabei gibt es keine geschlechtsspezifischen Unterschiede in der Förderung. Die Zulagen sind für Männer und Frauen gleich. Der Staat unterscheidet bei der Riester-Rente auch nicht nach neuen und alten Bundesländern. Unerheblich ist zunächst, ob man verheiratet ist oder nicht. Denn auch bei Ehepaaren muss jeder einen eigenen Vertrag abschließen. Ein gemeinsamer Vertrag ist nicht möglich. Jedem steht grundsätzlich die staatliche Förderung zu. Also müssen auch zwei Verträge abgeschlossen werden.

Ehepaare müssen getrennte Verträge abschließen.

Der Ehestatus wird nur dann wichtig, wenn der Ehepartner eines gesetzlich Rentenversicherten nicht über die gesetzliche Rentenversicherung versichert ist. Über die Ehebeziehung steht dann auch dieser Person die staatliche Grundzulage zu. Dann erhalten nicht berufstätige Hausfrauen oder -männer die vollen Zulagen, wenn ihr rentenversicherungspflichtiger Ehepartner den jeweiligen Mindesteigenbetrag anlegt. Dabei müssen aber beide Ehepartner eigenständige Altersvorsorge-Verträge abschließen.

Finanzspritze für Eltern

Wer Kinder hat, wird von der Rentenreform begünstigt. Denn für jedes Kind gibt es eine Kinderzulage, die höher als die Grundzulage ist. Auch hier gibt es gestaffelte Zuschüsse. Familien sollen für jedes Kind 92 Euro bekommen, ansteigend bis zu 185 Euro im Jahr 2008. Damit sollen vor allem Eltern unterstützt werden, die üblicherweise weniger für ihre Altersvorsorge tun können.

Die Kinderzulage gibt es nur bei Anspruch auf Kindergeld.

Familie geht vor: Die Kinderzulage beträgt pro Jahr	
in den Jahren 2004 und 2005	92 EUR
in den Jahren 2006 und 2007	138 EUR
ab dem Jahr 2008	185 EUR

Die Kinderzulage gibt es nur dann, wenn auch der Anspruch auf Kindergeld vorhanden ist. Die Zulage wird dabei grundsätzlich nur einem Elternteil gewährt. Und zwar demjenigen Partner, an den das Kindergeld auch tatsächlich ausgezahlt wird.

Wichtig: der Mindesteigenbeitrag

Um die genannten staatlichen Zuschüsse zu bekommen, muss jeder einen so genannten Mindesteigenbeitrag leisten. Dieser beträgt

in den Jahren 2004 und 2005	2 Prozent
in den Jahren 2006 und 2007	3 Prozent
ab dem Jahr 2008 jährlich	4 Prozent

des Bruttogehaltes im letzten Jahr. Dieser Mindesteigenbeitrag entspricht der staatlichen Empfehlung. An dieser orientiert sich die staatliche Zulage. Wenn man diesen Eigenbetrag voll erfüllt, dann bekommt man auch die Zuschüsse vollständig. Wer allerdings den Mindesteigenbeitrag nur teilweise leistet, dem wird die Zulage nach dem Verhältnis der Altersvorsorgebeiträge zum Mindesteigenbeitrag gekürzt. Das bedeutet, dass 60 Prozent des Mindesteigenbeitrages nur 60 Prozent der zustehenden Zulagen bringen.

Wer den Mindesteigenbeitrag zahlt, bekommt die volle Zulage.

Ehepaare können profitieren

Um in den Genuss der doppelten staatlichen Förderung zu kommen, müssen die Ehepartner nicht gemeinsam zur Einkommenssteuer veranlagt werden, sie müssen aber die Voraussetzungen für eine gemeinsame Veranlagung erfüllen. Das heißt: Beide müssen ihren Wohnsitz oder gewöhnlichen Aufenthaltsort in Deutschland haben und nicht dauernd getrennt leben. Durch die Riester-Rente entstehen für Ehepaare verschiedene Gestaltungsmöglichkeiten.

Riester-Szenarien für Verheiratete

Beispiel Ehepaar 1:

Nur einer der beiden Partner ist gesetzlich rentenversichert. Der andere kümmert sich um den Haushalt. Beide können die Zulage erhalten, wenn sie jeweils einen eigenen Vertrag abschließen. Dann erhalten nicht berufstätige Hausfrauen oder -männer die vollen Zulagen, wenn ihr rentenversicherungspflichtiger Ehepartner seinen Mindesteigenbetrag anlegt. Der nicht arbeitende Partner muss dann für die Riester-Rente keinen Cent zahlen – ein Geschenk des Staates.

Hausfrauen und -männer erhalten ein Geschenk.

Beispiel Ehepaar 2:

Beide Ehepartner gehen einer versicherungspflichtigen Tätigkeit nach. Um die Zulage zu erhalten, muss jeder von ihnen einen auf seinen Namen lautenden Altersvorsorge-Vertrag abschließen. Der Mindesteigenbeitrag, den sie im Jahr einzahlen müssen, richtet sich nach ihren beitragspflichtigen Vorjahreseinkommen. Damit also jeder der beiden im Jahr 2004 seine höchstmögliche Grundzulage von 76 Euro erhält, müssen beide mindestens zwei Prozent ihres beitragspflichtigen Einkommens einzahlen.

Beispiel Ehepaar 3:
Natürlich müssen nicht beide Ehepartner einen Altersvorsorge-Vertrag abschließen. Wenn etwa einer der beiden meint, dass sich für ihn die staatliche Förderung nicht lohnt, kann der andere dennoch sparen. Im Einzelfall kann das sogar durchaus attraktiv sein. Besonders dann, wenn die Frau ein oder mehrere Kinder hat und die Kinderzulagen dann mit in ihre Altersvorsorge einbauen kann.
Besonders interessant ist die Rentenreform, wenn die Frau – wegen ihres geringen Einkommens – nur einen kleinen Sockelbetrag leisten muss. Das kann dazu führen, dass die Ehefrau nur den Sockelbetrag einzahlen muss und dafür vom Staat eine Grundzulage von 76 Euro plus zwei Kinderzulagen von je 92 Euro erhält.
Die Grundzulage, die dem Mann zustehen würde, verfällt natürlich, wenn er selbst keinen Altersvorsorge-Vertrag abschließt.

Frauen sollten die Kinderzulagen in ihre Altersvorsorge einbauen.

Seit 2005 gibt es eine echte Erleichterung: Das bürokratische Verfahren wurde vereinfacht, so müssen die Zulagen nicht mehr jährlich beantragt werden, sondern es genügt ein so genannter Dauerantrag für die gesamte Förderdauer. Nur wenn sich Wesentliches in der Einkommens- und Familiensituation ändert, müssen diese Veränderungen angezeigt werden.

Dauerantrag

Riester-Rente auch für Selbstständige, Unternehmer und Beamte

Die Partnerförderung der Rentenreform verhilft durch die Hintertür auch jenen zu einer Riester-Rente und staatlichen Zulagen, die eigentlich mit der gesetzlichen Altersversorgung nichts zu tun haben. Dies sind vor allem Selbstständige, Freiberufler und Beamte. Einzige Voraussetzung: Der Ehepartner muss rentenversichert sein und seinen Eigenbeitrag in die Riester-Rente einzahlen.
Da die Förderfähigkeit allein am Merkmal »Ehepartner eines Pflichtversicherten« anknüpft, bekommen eben nicht nur die nicht erwerbstätigen Hausfrauen, sondern auch all jene Frauen und Männer die staatliche Förderung, die selbstständig oder verbeamtet sind.

Für wen sich die Riester-Rente lohnt

Geringverdiener mit niedrigem Jahreseinkommen bis 20 000 Euro profitieren besonders von der Rentenreform. Ihre Beiträge werden zu großen Teilen vom Staat bezahlt. Gehört man zu dieser Gruppe, sollte man unbedingt einen Riester-Vertrag abschließen.
Wer als Single mehr als 30 000 Euro verdient oder gar zu den Besser- oder Spitzenverdienern gehört, für den bringen die staatlichen Grundzulagen relativ gesehen wenig. Für Ehepaare gilt: Leistet ein Partner nur die Familienarbeit und keine bezahlte Arbeit, dann sollte man zu einem Vertrag greifen. Absolut empfehlenswert ist die Riester-Rente, wenn über den Umweg eines Mini-Jobs (bis zu 325 oder 400 Euro) die Zulagen für ein Ehepaar oder sogar die ganze Familie gesichert werden kann. Der Gesetzgeber wollte dieses Vehikel – also nutzen Sie es! Familien mit Kindern sollten unbedingt einen riesterfähigen Altersvorsorgevertrag abschließen. Am besten die Mütter, die haben meist ohnehin weniger Rente zu erwarten. Und so ist die Kinderzulage dann sehr willkommen.

Traumpaar: Mini-Jobs und Riester

Die »Rürup-Rente«

Der Gesetzgeber macht es uns allen nicht leicht: Nun gibt es auch noch die neue Basisrente, auch Rürup-Rente genannt, die bei Redaktionsschluss nur abstrakt beschrieben werden konnte – denn noch gibt es fast keine Angebote von Finanzdienstleistern. Benannt ist die Rente nach Professor Dr. Bert Rürup, der an der Technischen Universität Darmstadt lehrt und als einer der fünf Wirtschaftsweisen namentlich verewigt wird, weil er der Vorsitzende der »Sachverständigenkommission zur Neuordnung der Besteuerung von Altersvorsorgeaufwendungen und Alterseinkommen« ist.
Die Rürup-Rente soll der privaten Altersvorsorge einen neuen Schub geben. Viele Experten bemängeln die starren Regelungen und die steuerliche Behandlung des Produkts. Der eigentliche Clou: Der Fiskus finanziert die Beiträge mit. Wer mit Rürup vorsorgt, kann die Beiträge von der Steuer absetzen. 2005 sind bereits 60 Prozent der Beiträge steuerlich absetzbar. Bis 2025 steigt dieser Anteil in jährlichen Zweiprozentpunktschritten auf 100 Prozent. Damit gibt es keine vergleichbare Anlage, die so massiv steuerlich gefördert wird und dabei so hohe Einzahlungen erlaubt. Beispielsweise können im Jahr 2005 12 000 Euro bei der Basisrente, ab 2006 Beiträge bis zu 20 000 Euro pro Jahr abgesetzt werden. Prinzipiell ist es zudem möglich, eine Berufs-/Erwerbsunfähigkeitsversicherung und Hinterbliebenenrente zu integrieren.

Der Fiskus zahlt mit.

Prinzipiell eignet sich die Rürup-Rente vorwiegend für Alleinstehende, Selbstständige und Freiberufler. Auch gut verdienende Arbeitnehmer und Beamte können mit der Rürup-Rente als Leibrente in reinster Form ihre Altersvorsorge weiter ausbauen. Die Rürup-Rente berechtigt frühestens ab einem Alter von 60 Jahren zu monatlichen Rentenzahlungen. Deren Höhe ist abhängig von den zuvor gezahlten Beiträgen sowie dem Anlageerfolg des Produktanbieters. Das Problem bei Leibrenten wie der Rürup-Rente: Sie müssen tatsächlich als Renten ausgezahlt werden. Das bedeutet aber auch: Zahlt man ein ganzes Erwerbsleben ein, gehen beim frühen Tod alle Ansprüche, die gesamte angesparte Summe verloren und Frau, Kinder oder sonstige Familienangehörige leer aus.

Klassische Leibrente für Alleinstehende, Selbstständige und Freiberufler

Beispielrechnungen des Gesamtverbandes der deutschen Versicherungswirtschaft machen deutlich, was an privater Vorsorge ab 2005 absetzbar ist. Schließt ein Arbeitnehmer mit einem durchschnittlichen Bruttojahreseinkommen von 30 000 Euro 2005 eine Basisrente ab, beispielsweise mit 14 150 Euro Jahresbeitrag, so kann er 8 490 Euro der Beiträge zur Basisrente absetzen. Um den vollen Sonderausgaben-Abzug mitzunehmen, müsste ein Arbeitnehmer mit 60 000 Euro Bruttojahreseinkommen 2005 insgesamt 7 949 Euro in die Basisrente einzahlen. Davon wären dann 60 Prozent oder 4 769 Euro absetzbar. Bei einem Selbstständigen mit identischem Einkommen fällt die Rechnung interessanter aus: Würde dieser 20 000 Euro investieren (11 000 Euro in ein bestehendes Versorgungswerk und 9 000 Euro in eine Basisrente), so könnte er jeweils 60 Prozent davon als Sonderausgabe 2005 absetzen, also insgesamt 12 000 Euro. In der Renten- oder Auszahlungsphase unterliegen dann die monatlichen Rentenzahlungen der üblichen nachgelagerten Besteuerung: von 2005 an 50 Prozent und dann ab 2040 100 Prozent der Rente.

Empfehlenswert: betriebliche Altersvorsorge

Lieber in Urlaub als in die Betriebsrente investieren

Das ist das Ergebnis der Studie »Kundenkompass betriebliche Altersversorgung« von Delta Lloyd und dem FAZ-Institut. Insgesamt haben nur 48 Prozent der Befragten eine Betriebsrente abgeschlossen. Knapp die Hälfte legt für die betriebliche Altersversorgung nur maximal 50 Euro monatlich zurück. Jeder Vierte zahlt zwischen 51 und 100 Euro Monatsbeitrag. Lediglich ein Prozent der Arbeitnehmer legt über 200 Euro pro Monat fürs Alter auf die hohe Kante.

Es ist bedauerlich. Nur eine Minderheit der Mitarbeiter in Großkonzernen nutzt die Möglichkeiten der betrieblichen Altersvorsorge. Dabei gehört die betriebliche Altersvorsorge zu den renditestärksten Vorsorgemöglichkeiten. Vielleicht verhilft ja eine Neuregelung seit Jahresbeginn 2005 zum echten Durchbruch. Denn es gibt eine Verbesserung für Arbeitnehmer: Nun können Mitarbeiter ihren betrieblichen Vorsorgevertrag zur nächsten Arbeitsstelle mitnehmen.

Nur eine Minderheit nutzt die betriebliche Altersvorsorge.

Die Arbeitsgemeinschaft für betriebliche Altersversorgung sieht ein Comeback der Betriebsrente. Grund dafür sei unter anderem die verbindliche Zusage des Arbeitgebers, diese Verpflichtung auch zu erfüllen. Deswegen seien bereits erworbene Ansprüche nicht kürzbar. Wenn beispielsweise die betriebliche Altersvorsorge kollektiv über eine Betriebsvereinbarung oder einen Tarifvertrag geregelt wäre, könnten beteiligte Arbeitgeber und Arbeitnehmervertreter keinesfalls beliebig in die Rechte der begünstigten Arbeitnehmer eingreifen.

Branchen mit überdurchschnittlichen Anteilen von Arbeitnehmern mit betrieblicher Altersvorsorge sind das Kredit- und das Versicherungswesen mit 76 Prozent, Bergbau und Energie (72 Prozent), Investitionsgüter- und Gebrauchsgüterindustrie (60 Prozent), Rechts- und Steuerberatung (58 Prozent), Datenverarbeitung (52 Prozent) und die Produktionsgüterindustrie (52 Prozent).

Anstieg der betrieblichen Altersvorsorge

Eine Untersuchung von Infratest Sozialforschung im Auftrag des Bundesministeriums für Gesundheit und Soziale Sicherung ergab, dass zwischen den Jahren 2001 und 2003 der Anteil der Unternehmen mit betrieblicher Altersvorsorge von 31 auf 35 Prozent gestiegen ist. Im gleichen Zeitraum stieg der Anteil der Arbeitnehmer mit Betriebsrente von 38 auf 43 Prozent.

Paradigmenwechsel: Anspruch auf Gehaltsumwandlung

Die wichtigste Innovation ist der Anspruch auf betriebliche Altersvorsorge. Jeder Arbeitnehmer hat nun einen Rechtsanspruch auf Gehaltsumwandlung zugunsten seiner Altersvorsorge – man kann von seinem Unternehmen verlangen, dass Teile aus dem unversteuerten Bruttogehalt in eine zusätzliche Altersvorsorge abgeführt werden. Damit sind Arbeitgeber jetzt zur betrieblichen Altersvorsorge verpflichtet. Wie dies geschieht, sollen Arbeitgeber und Arbeitnehmer bilateral vereinbaren. Wenn der Arbeitgeber für die betriebliche Altersvorsorge keinen Pensionsfonds oder eine Pensionskasse anbietet und auch keine andere freiwillige Einigung gelingt, kann der Arbeitnehmer verlangen, dass der Arbeitgeber eine Direktversicherung

Unversteuertes Bruttogehalt wird zur Altersvorsorge.

abschließt. Außerdem sind die Beiträge der Beschäftigten zu einer betrieblichen Altersvorsorge von Anfang an geschützt und bleiben auch beim Wechsel zu einem anderen Arbeitgeber bestehen.

Beiträge bleiben auch beim Wechsel zu einem neuen Arbeitgeber erhalten.

Zudem wurden die gesetzlichen Fristen verkürzt: Jetzt bekommt man schon nach 5 Jahren - früher 10 Jahre - und mit 30 Lebensjahren - früher erst mit 35 - eine Betriebsrente. Das verbessert die Bedingungen für die Mobilität von Beschäftigten und entspricht auch eher den tatsächlichen Gegebenheiten.

Dabei lässt das Reformgesetz grundsätzlich offen, ob jemand einen Vertrag mit einem Anbieter der Finanzbranche schließt oder Geld als Betriebsrente anlegt. Der Arbeitnehmer hat auch einen Rechtsanspruch, die staatlich geförderte private Altersvorsorge in seine betriebliche Altersvorsorge zu integrieren.

Das muss der Arbeitgeber tun

Seit 2002 müssen alle Arbeitgeber ihren Mitarbeitern eine betriebliche Altersvorsorge bereitstellen. Das bedeutet aber nicht, dass der Arbeitgeber auch in diese einzahlen muss. Der Chef darf aussuchen, welches Angebot und welchen Anbieter er wählt. Dabei stehen fünf Anlageformen zur Auswahl: Pensionsfonds, Pensionskassen, Unterstützungskassen, Pensionsrückstellungen, auch Direktzusage genannt, und Direktversicherungen. Die Abwicklung der betrieblichen Altersvorsorge übernimmt der Arbeitgeber. Er sucht eine Anlageform aus und kümmert sich um die Abführung der Beiträge. Die Beschäftigten, der Betriebsrat oder die Tarifparteien brauchen sich mit den Arbeitgebern nur über die Höhe und die Art der Altersvorsorge zu einigen.

Gute Konditionen durch kollektive Lösungen

Diese Innovationen bieten viele Vorteile. Denn sie fördern kollektive Lösungen. Bei der betrieblichen Altersvorsorge fällt weder eine Abschlussprovision wie bei einer Lebensversicherung noch ein Ausgabeaufschlag wie beim Erwerb von Investmentanteilen eines Fonds an. Das bedeutet bessere Vertragsbedingungen, geringere Beiträge und mehr Leistung im Alter. Denn Sammelverträge über den Betrieb werden kostengünstiger und dadurch rentabler sein. Experten wie Professor Diether Döring, Leiter der Akademie für Arbeit in Frankfurt/Main, schätzen, dass die betriebliche Altersvorsorge 15 bis 20 Prozent mehr Leistung als eine individuelle Vorsorge bringt.

Die neue Regelung ist sinnvoll für beide Seiten: Arbeitnehmer können Steuern und möglicherweise auch Sozialabgaben sparen und effektiv zu einem zusätzlichen Vorsorgekapital kommen. Für Arbeitgeber eröffnet sich die Chance, Lohnnebenkosten zu senken und ihre Mitarbeiter an das Unternehmen zu binden.

Pensionsrückstellungen, Ruhegeldzusage oder Direktzusage – das Unternehmen sagt dem Arbeitnehmer direkt die Zahlung einer Rente zu. Dem in Ruhestand gegangenen Arbeitnehmer oder seinen Hinterbliebenen muss diese dann gezahlt werden. Dafür legt die Firma jedes Jahr einen steuerlich zulässigen Anteil vom Ertrag beiseite, aus dem dann später die Rente gezahlt wird.

Pensionskassen – das Unternehmen zahlt die Beiträge direkt an die Pensionskasse, die sie verwaltet und als Rente auszahlt. Pensionskassen sind gemeinhin kleine Lebensversicherungsunternehmen, meist als Versicherungsverein auf Gegenseitigkeit. Die Arbeitnehmer sind Mitglieder des Vereins.

Direktversicherung – hier zahlt der Arbeitgeber eine Kapitallebensversicherung oder Rentenversicherung für seinen Arbeitnehmer. Der Arbeitgeber ist der Versicherungsnehmer; versichert ist jedoch der Arbeitnehmer.

Unterstützungskassen – werden als rechtlich selbstständige Einrichtung, häufig als eingetragener Verein oder als GmbH geführt. Träger ist der Arbeitgeber.

Pensionsfonds – relativ neuer fünfter Durchführungsweg. Pensionsfonds sind rechtlich eigenständige Einrichtungen, die von einem oder mehreren Unternehmen zur Altersvorsorge der Mitarbeiter gegründet werden. Eine Bank oder eine Versicherungsgesellschaft verwaltet sie. Der Fonds investiert die gesparten Beiträge einschließlich der staatlichen Zulagen und zahlt im Ruhestand die Riester-Rente. Pensionsfonds haben wie übliche Investmentfonds breite Möglichkeiten zur Anlage an den Kapitalmärkten und können beispielsweise zu einhundert Prozent auf die langfristig attraktiven Ertragschancen der Aktie setzen. Zwar wächst damit die Abhängigkeit vom Kapitalmarkt, jedoch steigen so auch die Renditechancen deutlich. Andere Anlagenalternativen sind Anleihen, Investmentfonds oder Immobilien. Das sieht die Pensionsfonds-Kapitalanlagenverordnung vor. Eine Renditegarantie gibt es aber naturgemäß nicht. Allerdings kann man als Einzahler in die Riester-Rente sicher sein, dass man zumindest die eingezahlten Beiträge wieder erhält.

Die verschiedenen Durchführungswege der betrieblichen Altersvorsorge

Private Altersvorsorge: Eigeninitiative wird immer wichtiger

Da flattern ständig Rechnungen ins Haus, die Kinder haben Ansprüche und ein neues Auto wäre auch mal wieder fällig. Dabei noch an die ferne Zukunft und die eigene Altersvorsorge zu denken, fällt in Zeiten steigender Kosten und hoher Arbeitslosigkeit wirklich nicht leicht. Geld heute beiseite zu legen und nicht zu konsumieren, fällt fast jedem schwerer als die Vorstellung, es in der Zukunft nicht ausgeben zu können. Umgekehrt ist das Vergnügen, heute zu konsumieren, grundsätzlich stärker als die Vorfreude darauf, es in vielleicht zwanzig Jahren ausgeben zu können. Dennoch ist vielen die Notwendigkeit des zusätzlichen Sparens für die private Altersvorsorge bewusst.

Das wichtigste Sparziel in Deutschland ist die Altersvorsorge.

Sparziele

Wichtige Sparzwecke (in Prozent der Befragten)

Basis: Personen, die für einen bestimmten Zweck sparen
Quelle: Emnid-Befragungen im Auftrag des Verbandes der Privaten Bausparkassen

Von zentraler Bedeutung ist: Die private Altersvorsorge sollte als ein sich stetig weiterentwickelndes Vermögen verstanden werden. Denn in modernen Biografien muss das Vermögen, um den verschiedensten Anforderungen zu entsprechen, häufiger umgeschichtet und neu ausgerichtet werden, als dies in der Vergangenheit der Fall war. Dementsprechend sind die klassischen Altersvorsorgeprodukte wie Kapitallebens- und Rentenversicherung, aber auch die Wohnimmobilien nicht mehr per se die optimale Strategie. Das bedeutet: Ziehen Sie keine scharfe Grenze zwischen den Aufgaben Vermögensaufbau und Altersvorsorge. Wichtig ist allein eine kontinuierliche Weiterentwicklung des Vermögens insgesamt.

Ziehen Sie keine scharfe Grenze zwischen Vermögensaufbau und Altersvorsorge.

Zudem sind je nach aktueller Lebensphase verschiedene Schwerpunkte sinnvoll. Immer kann die folgende Phase andere Anforderungen an Sie und Ihr Vermögen stellen. Deswegen der Tipp: Überprüfen Sie Ihre Geldanlagen beim Eintritt in eine neue Lebensphase – etwa bei Heirat, Geburt eines Kindes, beruflicher Umorientierung, Scheidung oder bei Eintritt in den Ruhestand. Grundlage all Ihrer Entscheidungen sollte dabei das Terrassenmodell sein.

Grundlage für alle Entscheidungen: das Terrassenmodell

Wer braucht was – Altersvorsorge in verschiedenen Lebensphasen

In Stichworten ist hier aufgelistet, was man in welcher Lebensphase für den Vermögensaufbau und für die Alterssicherung tun sollte.

Junge Singles
- ☑ Einkommen sichern
- ☑ Geldparken
- ☑ Erste flexible Geldanlagen
- ☑ Für Liquidität sorgen

Ehe oder eheähnliche Gemeinschaften
- ☑ Einkommen sichern
- ☑ Geldparken
- ☑ Flexible Geldanlagen
- ☑ Für Liquidität sorgen
- ☑ Mittelfristige Anlagen

Familie mit kleinen Kindern
- ☑ Einkommen sichern
- ☑ Geldparken
- ☑ Nur flexible Geldanlagen
- ☑ Für Liquidität sorgen

Familie mit großen Kindern
- ☑ Einkommen sichern
- ☑ Geldparken
- ☑ Teilweise flexible Geldanlagen
- ☑ Mittelfristige Anlagen
- ☑ Renditestarke Finanzprodukte
- ☑ Langfristanlagen

Kinder aus dem Haus
- ☑ Vermögen sichern
- ☑ Geldparken
- ☑ Teilweise flexible Geldanlagen
- ☑ Mittelfristanlagen
- ☑ Renditestarke Finanzprodukte
- ☑ Langfristanlagen
- ☑ Evtl. Turbo für eine ausreichende Altersvorsorge
- ☑ Etwa ab zehn Jahre vor Renteneintritt jährlich Risikogelder in sichere Geldanlagen umschichten

Im Alter
- ☑ Auszahlungsphase
- ☑ Auszahlungen organisieren und überprüfen:
  - gesetzliche und berufliche Rente
  - Riester-Rente, Rürup-Rente
  - Privatrente, Rente aus Fondsanlagen
  - Rente aus Bundesschatzbriefen
  - Mieteingänge, andere Eingänge

So ist es wichtig, dass sich eine junge Familie beispielsweise zunächst auf die Sicherung des Einkommens und der Liquidität konzentriert. Ist dies geschafft, kann man in der folgenden Lebensphase die Vermögensoptimierung in den Vordergrund stellen. Das bedeutet: Seien Sie – in Ihren Möglichkeiten und passend zu Ihrem Geldtyp – bei einem Teil Ihrer Geldanlagen etwas risikobereiter und schauen Sie dabei auch auf die Rendite.

Schichten Sie zehn Jahre vor der Rente in sichere Produkte um.

Etwa zehn Jahre vor der Rente allerdings sollte man in sichere Anlagen umschichten. Schließlich wollen Sie das Erreichte festhalten. Deswegen ist es ratsam, Schritt für Schritt mit der Umschichtung des Vermögens hin zu weniger schwankungsanfälligen Anlageformen zu beginnen. Wenn im Rentenalter das angelegte Geld sukzessive für die Aufbesserung der gesetzlichen Rente entnommen werden soll, ist es sinnvoll, diese Reserve nicht dem Auf und Ab der Kapitalmärkte auszusetzen, um dann im ungünstigsten Moment empfindliche Verluste hinnehmen zu müssen.

Im so genannten dritten Lebensabschnitt ist es sinnvoll, verschiedene Einkünfte zu konstruieren. Neben den ohnehin fließenden Renten (gesetzliche, betriebliche, private ...) kann man sich Entnahmepläne aufstellen lassen. Regelmäßige Auszahlungen von eingezahltem und angespartem Kapital kann man über Banken, die Bundeswertpapierverwaltung und Investmentfondsgesellschaften organisieren.

Sichere Finanzprodukte für die private Altersvorsorge

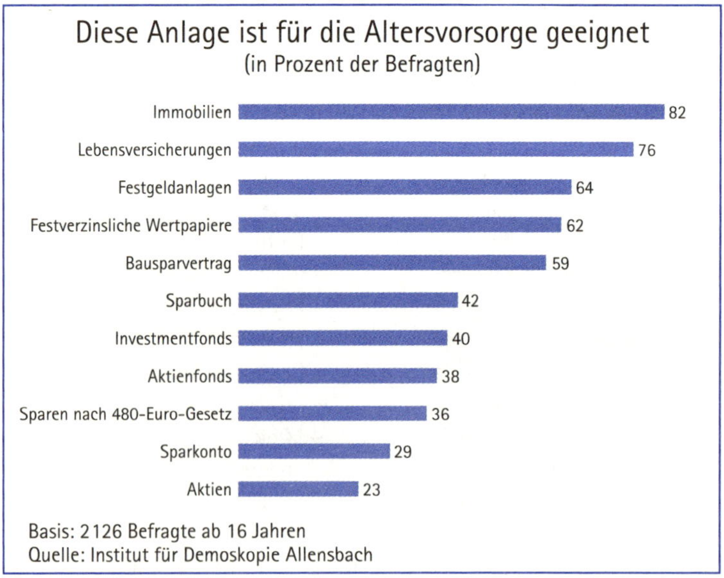

82 Prozent vertrauen der Altersvorsorge aus Stein. Doch nur 23 Prozent erachten Aktien als sinnvoll für die Altersvorsorge. Und das innige Verhältnis der Deutschen zur Kapitallebensversicherung wurde schon im vorherigen Kapitel beschrieben, es dürfte sich mit den nun geltenden Steuerregelungen aber abkühlen.
Im Prinzip ist die Bewertung der Geldanlagen in dieser Grafik richtig. Schließlich geht es bei der Altersvorsorge ausschließlich um sichere Produkte. Denn bei der Altersvorsorge darf nichts schief gehen, Verluste kann sich niemand leisten. So muss man heute schon planen können, womit man in der fernen Zukunft rechnen darf.

Altersvorsorge und Frauen – Ehemänner haben ausgedient

Bei ihrer Altersvorsorge verlassen sich viele Frauen immer noch auf ihre Ehemänner. Dabei ist die Altersvorsorge gerade für Frauen besonders wichtig. Sie verdienen weniger, arbeiten häufig in Teilzeit oder widmen sich ganz der Familie. Deswegen bekommen sie im Durchschnitt nur halb so viel Geld aus der gesetzlichen Rentenkasse wie Männer. Und haben dabei wegen ihrer höheren Lebenserwartung ein längeres Leben zu finanzieren. Frauen beziehen im Schnitt mehr als 19 Jahre Rente, Männer nur 15 – gerechnet ab Rentenbeginn mit 65 Jahren. Wie das Marktforschungsinstitut Psychonomics 2004 herausfand, überschätzen gerade Frauen oft ihre Ansprüche an die gesetzliche Rentenversicherung. Der Gesetzgeber hat das Problem der schlechteren Versorgung der Frauen erkannt. Deswegen entstand mit der letzten Rentenreform auch eine neue Bestimmung im Rentenrecht: das so genannte Rentensplitting. Es besagt, dass Ehepaare ihre Ansprüche auf die gesetzliche Rente splitten, also teilen können. Möglich ist dies für alle Ehen, die 2002 oder später geschlossen wurden. Wer schon länger verheiratet ist, muss für das Rentensplitting nach dem 1. Januar 1962 geboren sein. Profitieren kann der Ehepartner, der während der Ehe geringere Ansprüche erwirbt – also üblicherweise die Frau. Auch die Riester-Rente hat der Gesetzgeber frauenfreundlich gestaltet: Wenn eine nicht berufstätige Frau einen solchen Vertrag abschließt, bekommt sie eine Grundzulage. Mütter bekommen für jedes Kind neben der eigenen Grundzulage eine Extrazulage vom Staat. Voraussetzung ist, dass der Ehemann selbst in eine eigene Riester-Rente einzahlt. Besonders für Familien und Frauen mit geringerem Einkommen lohnt sich die Riester-Rente, denn ein großer Teil der Sparsumme besteht dann aus staatlichen Zulagen.

Frauen überschätzen häufig ihre Rentenansprüche.

Rentensplitting

Riester

Altersvorsorge und Frauen II – der Chef springt ein

Ein weiterer wichtiger Baustein der Altersvorsorge ist die Absicherung über den Arbeitgeber. Hier hat seit 2001 jeder Arbeitnehmer das Recht, von seinem Chef eine Entgeltumwandlung von Teilen des Gehaltes in eine betriebliche Altersvorsorge zu verlangen. Besonders für Frauen ist die betriebliche Altersvorsorge positiv: Sie können bei Betriebsrenten meist gleiche Leistungen für gleiche Beiträge bekommen. Hintergrund: Da Frauen statistisch gesehen länger leben, bekommen sie eine relativ geringere Rente ausgezahlt als die Männer. Auch die Abschlusszahlen von Kapitallebensversicherungen sprechen eine eindeutige Sprache, und das in allen Altersphasen von unter 20 bis über 60 Jahre. Frauen zahlen im Durchschnitt etwa ein Drittel weniger Beiträge. Denn obwohl Frauen 44 Prozent der Verträge abgeschlossen haben, zahlen sie insgesamt nur 35 Prozent der Beiträge ein. Bei der privaten Rentenversicherung – besonders empfehlenswert für Frauen – ergibt sich das gleiche Bild. 53 Prozent der Verträge halten Männer, sie zahlen zudem 56 Prozent der Beiträge ein. Einzig die Riester-Rente ist eine Domäne der Frauen mit 57 Prozent. Hier geht es allerdings um relativ gesehen kleinere Beträge, und trotzdem haben die Männer die Nase vorn: Sie zahlen 52 Prozent der Beiträge ein, werden also auch hier mehr als die Frauen herausbekommen. Statt »Ehemann als Altersvorsorge« ist also Eigeninitiative angesagt.

Entgelt-umwandlung

Besonders empfehlenswert für Frauen: die private Rentenversicherung

Finanzbedarf im Alter selbst bestimmen oder: das Märchen von der Versorgungslücke

Der Kapitalbedarf im Alter kann sehr unterschiedlich sein.

Für viele Finanzdienstleister ist die Rechnung ganz einfach: »Sie verdienen heute netto 3 500 Euro im Monat, bekommen 2 000 Euro Rente, also haben Sie eine Versorgungslücke von 1 500 Euro«. Hintergrund ist, dass üblicherweise vom Nettogehalt ausgegangen wird, wenn man die finanziellen Ansprüche des nächsten Lebensalters beschreiben will. Diesen Betrag stellt man dann der Höhe der gesetzlichen Rente gegenüber. Die Differenz sei dann die Versorgungslücke, die es zu schließen gilt.

Doch da machen es sich viele zu leicht. Vielleicht legen Sie ja 2 000 Euro im Monat zurück, oder Sie leben eigentlich von finanziellen Zuwendungen aus ganz anderen Quellen. Deswegen: Wie viel Kapital man nach der Erwerbsphase tatsächlich braucht, kann jeder nur für sich selbst ermitteln. Und um die finanzielle Lücke festzustellen, muss man zuerst wissen, welche Versorgungsansprüche man bisher hat. Bei Ihren Entscheidungen können Sie sich also nicht blind an einer Versorgungslücke orientieren, die jemand für Sie errechnet. Bereiten Sie selbst Ihre Informationen und Kenntnisse auf.

Eine Vorarbeit haben Sie dazu schon geleistet. Im Kapitel »Kassensturz« unter »Blick in die Zukunft« haben Sie eventuell in der Tabelle »Die zukünftigen Einkünfte« Ihre Ansprüche schon aufgelistet.

Beispiel: Familie Mustermann berechnet Ihre zukünftige Rente

Herr und Frau Mustermann stellen Ihre Vorsorgeplanung zusammen.
Sie betrachten Ihre Einnahmesituation heute und die vermutete im Rentenalter. Dazu benötigen sie die Lohn- oder Gehaltsabrechnung, über die Rentenhöhe im Alter gibt die Renteninformation Auskunft. Die künftigen Einnahmen aus einer betrieblichen Altersvorsorge oder einer Riester-Rente gehen aus den jährlichen Standmitteilungen der jeweiligen Anbieter hervor.
Diese Zahlen stellt das Ehepaar übersichtlich auf einem DIN A4-Blatt zusammen. Auf einem zweiten Blatt schreiben sie alle Ausgaben auf, die man heute hat und als Rentner voraussichtlich haben wird, und vergleicht beide Berechnungen miteinander. Daraus ergibt sich der Überblick für das Ehepaar Mustermann: Überschuss oder Mangel im künftigen Haushaltsplan.
Die monatlichen Einnahmen und Ausgaben eines Ehepaares (Frau, 35 Jahre, Steuerklasse V, keine Kinder auf der Steuerkarte; Mann, 40 Jahre, Steuerklasse III, zwei Kinder auf der Steuerkarte).

Einnahmensituation des Mannes heute

Bruttomonatseinkommen:	2 500,00
abzüglich Lohnsteuer:	-140,50
abzüglich Solidaritätszuschlag:	0,00
abzüglich Kirchensteuer:	0,00
abzüglich Sozialversicherungsbeiträge:	-526,25
Nettoeinkommen monatlich:	1 833,25

Einnahmensituation der Frau heute

Bruttomonatseinkommen:	1 250,00
abzüglich Lohnsteuer:	-286,33
abzüglich Solidaritätszuschlag:	-15,74
abzüglich Kirchensteuer:	-25,76
abzüglich Sozialversicherungsbeiträge:	-263,11
Nettoeinkommen monatlich:	659,06

Gemeinsames Nettoeinkommen heute monatlich: 2 492,31

Monatliche Einnahmen einschließlich Kindergeld: 2 800,31

Monatliche Einnahmensituation als Rentner bei 45 Versicherungsjahren

Bruttomonatsrente:	1 097,37
plus betriebliche Vorsorge oder Riester-Rente:	225,00
Summe Bruttoeinkünfte:	1 322,37
abzüglich Krankenversicherung:	- 116,37
abzüglich Steuern (geschätzt):	- 80,00
Nettoeinkünfte:	1 126,00

Monatliche Einnahmensituation als Rentnerin bei 35 Versicherungsjahren

Bruttomonatsrente:	426,75
plus betriebliche Vorsorge oder Riester-Rente:	140,00
Summe Bruttoeinkünfte:	566,75
abzüglich Krankenversicherung:	- 49,87
abzüglich Steuern (geschätzt) :	0,00
Nettoeinkünfte:	516,88

Gemeinsames Nettoeinkommen im Alter monatlich: 1 642,88

Monatliche Ausgaben heute

Rate Eigentumswohnung:	1 250,00
Nebenkosten Wohnung:	250,00
Lebenshaltung:	900,00
Auto:	250,00
Altersvorsorge/Versicherungen:	150,00
Summe:	2 800,00

Monatliche Ausgaben als Rentner

Rate Eigentumswohnung:	0,00
Nebenkosten Wohnung:	350,00
Lebenshaltung:	700,00
Auto:	250,00
Altersvorsorge/Versicherungen:	50,00
Summe:	1 350,00

Monatliche Einnahmen und Ausgaben heute in der Übersicht

Einnahmen:	2 800,31
Ausgaben:	2 800,00
Überschuss:	0,31

Monatliche Einnahmen und Ausgaben als Rentner in der Übersicht

Einnahmen:	1 642,88
Ausgaben:	1 350,00
Überschuss:	292,88

Die steuerliche Belastung der Alterseinkünfte konnte nur grob geschätzt werden. Bei einem Rententritt des Mannes im Jahr 2030 gilt für ihn ein steuerpflichtiger Ertragsanteil der gesetzlichen Rente von 90 Prozent. Wenn seine Frau in Rente geht, sind 95 Prozent erreicht.
Auch ist zu erkennen, dass zusätzliche Einnahmen über die gesetzliche Rente hinaus auch bei Durchschnittsverdienern unerlässlich sind.
Die veränderte Ausgabensituation im Alter lässt die dann niedrigeren Einnahmen in anderem Licht erscheinen. Die bis zum Erreichen der Altersgrenze abbezahlte Eigentumswohnung führt dazu, dass die monatlichen Ausgaben des Ehepaares im Ruhestand niedriger ausfallen werden als die laufenden Einnahmen. Außerdem sind bis dahin die Kinder aus dem Haus, und eventuell können Einnahmen aus Vermietung erzielt werden.
Anders stellt sich die Situation für Mieter dar. Diese haben in der Erwerbsphase eine geringere Belastung, dafür aber im Alter höhere monatliche Fixkosten. Sie sollten also mehr Geld in betriebliche oder private Altersvorsorge investieren als Immobilienbesitzer.

Wohnungseigentümer haben im Alter eine geringere Belastung.

Nun können Sie wie Familie Mustermann vorgehen und eine natürlich vorläufige, aber für den jetzigen Zeitpunkt aktuelle Bedarfsanalyse erstellen. Dagegen setzen Sie die Einnahmen, die Sie schon zuvor ermittelt haben. Nun wissen Sie tatsächlich, wo Sie stehen.

Ihre Bedarfsanalyse

Monatliche Einnahmen und Ausgaben heute

Einnahmen	
Ausgaben	
Überschuss	

Monatliche Einnahmen und Ausgaben als Rentner

Einnahmen	
Ausgaben	
Überschuss	

Tipps für Ihre sichere Altersvorsorge

Setzen Sie nicht alles auf eine Anlage. Breit streuen ist besser. Denn je differenzierter Ihr Vermögen ist, desto stabiler ist Ihre private Altersvorsorge gegen schwache Immobilienmärkte, Börsenkurseinbrüche oder eine hohe Inflationsrate gesichert.

Die Immobilie muss beim Renteneintritt abbezahlt sein.

Ihre Wohnimmobilie muss zum Zeitpunkt des Renteneintritts abgezahlt sein. Es gibt kein besseres Fundament für eine sichere Altersvorsorge als eine eigengenutzte Immobilie mit mietfreiem Wohnen im Alter. Planen Sie dies bei der Laufzeit des Darlehensvertrags ein!

Es ist allzu menschlich: Langfristige Ziele wie die Altersvorsorge bleiben bei kurz- und mittelfristigen Konsumwünschen, wie ein neues Auto oder eine Wohnungseinrichtung, auf der Strecke. Selbstdisziplin ist bei einer eigenverantwortlichen Altersvorsorge vonnöten, um Monat für Monat, Jahr für Jahr Geld zurückzulegen.

Eine solide Altersvorsorge will in der nächsten Lebensphase überprüft sein. Gründen Sie eine Familie oder gehen die Kinder aus dem Haus? Dann ist es Zeit, Ihre Strategie zu überdenken.

Safety first

Seien Sie konservativ! Für Ihre Anlagestrategie sollten Sie nur garantiert sichere Finanzprodukte wählen. Und: Je weniger Geld Sie für Ihre persönliche Altersvorsorge zur Verfügung haben, desto sicherer muss die Anlage sein. Rendite ist nicht alles, setzen Sie bei Ihrer Altersvorsorge besser auf ein geringes Risiko. Optionen, Futures oder andere hoch riskante Finanzprodukte sind nichts für die Altersvorsorge.

Altersvorsorge ist ein Wachstumsmarkt. Entsprechend werben die Anbieter mit diesem Etikett. Gerade bei der »Vorsorge aus vier Wänden«, einer »zweiten Rente«, der »zweiten Alterssicherung« oder dem »idealen Polster für den Lebensabend« muss genau hingeschaut werden. Der Begriff Altersvorsorge ist nicht geschützt und darf frei verwendet werden. Es gibt keine Mindeststandards für Altersvorsorge-Produkte, geschweige denn ein Zulassungssystem.

Vergleichen Sie Angebote mehrerer Anbieter. Dabei sollten Sie sich nicht von bunten Computerbildern beeindrucken lassen. Wird Ihnen etwas versprochen, lassen Sie sich dies schriftlich geben. Heben Sie alle Unterlagen auf. Sollte sich eine Kapitalanlage anders entwickeln als in Prospekten beschrieben, kommt Ihnen eventuell die Prospekthaftung zu Hilfe. Der Anbieter muss dann für den entstandenen Schaden aufkommen.

Es hilft nichts – außer Selbsthilfe.

Es hilft nichts – außer Selbsthilfe. Sie sollten sich mit dem Thema Altersvorsorge auseinander setzen, sich eigene Gedanken machen, kritisch sein, lieber einmal mehr nachfragen – und sich Zeit lassen. Niemand kann Sie zur Unterschrift drängen. Bereiten Sie sich gut auf ein Gespräch mit Bankberatern oder Versicherungsvertretern vor, dann bekommen Sie auch das, was Sie wirklich brauchen. Denn nur Sie allein wissen, was Sie im Monat für die Geldanlage abzweigen können und was Sie im Leben planen. Außerdem: Bei der Altersvorsorge gibt es keine einfachen Patentrezepte oder simple Allheilmittel. Alle Produkte haben Vor- und Nachteile.

Zusammenfassung

Üblicherweise setzt sich die Altersvorsorge aus verschiedenen Teilen zusammen: der gesetzlichen, beruflichen und privaten Altersvorsorge. Häufig wird dabei die Metapher mit den drei Säulen bemüht. Die gesetzliche Rentenversicherung taugt allerdings mittlerweile durch die demoskopischen Veränderungen in der Bevölkerung nicht mehr als Vollversorgung im Alter. Sie kann nur noch eine Basissicherung bieten. Deswegen versucht der Gesetzgeber, mit den so genannten Riester- und Rürup-Renten und steuerlichen Anreizen für zusätzliche private Vorsorge zu locken.

Die drei Säulen

Durch die letzte Rentenreform kam es bei der betrieblichen Altersvorsorge mit dem Instrument Entgeltumwandlung zu einem Comeback. Auf diesem Wege sind wegen der deutlich günstigeren Gruppentarife interessante Renditen zu erzielen.

Das Wichtigste bei der privaten Altersvorsorge sind ausgewählte sichere Finanzprodukte. Zudem sollten Strategien immer mal wieder überprüft werden, in einer folgenden Lebensphase kann sich ein anderes Anforderungsprofil an Ihr Vermögen ergeben. Denken Sie auch daran, dass der Vermögensaufbau allgemein nicht von der Altersvorsorge an sich zu trennen ist. Man zieht mit beiden Zielen am gleichen Strang.

Vermögensaufbau = Altersvorsorge

Tipps für die verschiedenen Geldtypen

Souveräne

Ihre Altersvorsorge steht wahrscheinlich auf festem Fundament. Sie investieren in sichere und risikobewusste Finanzprodukte und wissen, wo Sie gerade stehen und hin wollen. Denken Sie auch daran, bei tief greifenden Änderungen in Ihrem Leben Ihre Strategie erneut zu überprüfen.

Ambitionierte

Eine Bedarfsanalyse, abgestimmt auf Ihre voraussichtliche Situation im Alter, könnte für Ambitionierte eine gute Strategiegrundlage sein. Sie zeigt im Vergleich mit Ihren zukünftigen Einkünften und dem

Stand heute, wo Sie stehen und wohin Sie noch sollten. Gerade bei Besserverdienenden ist die individuelle Versorgungslücke besonders groß. Auch wenn Sie deswegen sehr ambitioniert sind, greifen Sie überwiegend auf sichere Finanzprodukte zurück und nur zu einem weitaus kleineren Teil auf Risikoprodukte.

- **Vorsichtige**

Bei der Altersvorsorge ist es richtig, vorsichtig zu sein. In die gesetzliche Rentenversicherung zahlen Sie ohnehin ein. Die ist Ihnen sicher. Auch bei der beruflichen Altersvorsorge gibt es keinen Grund zu zögern, denn es gibt einen gesetzlichen Anspruch auf das Eingezahlte. Bei Ihrer individuellen privaten Altersvorsorge gehen Sie einfach ebenfalls auf Nummer sicher: mit ausschließlich sicheren Finanzprodukten.

- **Pragmatiker**

Damit es Ihnen im Alter ebenfalls gut geht, sind Sie bereit, einiges zu tun. Das ist gut so, denn es ist auch nötig. Überprüfen Sie, ob Ihre drei Säulen stark genug sind für eine erfüllte dritte Lebensphase. Wenn nicht, dann legen Sie Ihr Geld in einfach zu handhabenden und sicheren Finanzprodukten an.

- **Delegierer**

Die Altersvorsorge ist ein gutes Geschäftsfeld für Verkäufer. Beim Stichwort Versorgungslücke ist Vorsicht geboten. Deswegen ist Eigeninitiative wichtig. Denken Sie daran, dass Sie allein am besten Ihre Wünsche und Ziele kennen. Also, bitte: Hausaufgaben machen und zukünftige Einkünfte und eine Bedarfsanalyse erstellen. Dann wissen Sie, was Sie brauchen – und können bei der Umsetzung in sichere Geldanlagen immer noch delegieren.

- **Bescheidene**

Gerade bei der Altersvorsorge versucht Vater Staat zu unterstützen. Ihm ist sehr daran gelegen, dass möglichst wenige im Alter zum Sozialfall werden. Deswegen: Nehmen Sie alles mit, was sich Ihnen als Fördermöglichkeiten bietet und zu Ihrer aktuellen Lage passt.

- **Leichtfertige**

Beim Lebensstandard im Alter zeigt es sich, ob man im Leben leichtfertig einen schönen Abschluss verspielt hat. Tun Sie dies nicht und nutzen Sie die vielfältigen Möglichkeiten. Tasten Sie sich heran, informieren Sie sich zunächst über Ihre Ansprüche bei der gesetzlichen Rente, dann über die Möglichkeiten bei Ihrem Arbeitsgeber. Eine Bedarfsanalyse wird Ihnen den Weg weisen.

■ Überforderte

Beim Thema Altersvorsorge machen Sie dicht, es erscheint zu kompliziert, zu aufwändig, zu teuer. Doch prüfen Sie einmal, welche Renten Ihnen im Alter zur Verfügung stehen werden. Wahrscheinlich die gesetzliche, eventuell eine berufliche und dann noch eine aus privater Quelle. Wenn Sie diese drei Standbeine, ausgeschöpft haben, dann haben Sie schon einiges erreicht.

Ob Einfamilienhaus mit Garten oder Altbauwohnung in City-Lage – für viele ist die beste Altersvorsorge die selbst genutzte Immobilie, häufig auch als vierte Säule der Altersvorsorge bezeichnet. Immerhin spart man die monatliche Miete, die einen Großteil der Lebenshaltungskosten ausmacht. So lässt sich das verminderte Einkommen im Ruhestand besser verkraften. Und wenn es für das Haus noch nicht langt, können Sie ja erst einmal mit einer Einsteigerimmobilie starten.

Ist mir eigener Herd wirklich Goldes wert?

Leitfrage aus dem Kanon der finanziellen Allgemeinbildung

Welche Rolle können Immobilien für mich spielen?

Wohneigentum ist die bedeutendste Vermögensform.

Ist eine Wohnimmobilie auch Ihr Ziel? Dann sind Sie sich einig mit den meisten Deutschen. Denn selbst genutztes Wohneigentum ist die mit Abstand bedeutendste Vermögensform in Deutschland: Vom Gesamtvermögen der Deutschen entfällt mehr als die Hälfte auf Immobilienvermögen, etwa 40 Prozent des Gesamtvermögens auf Versicherungen, Aktien, Investmentfonds und 10 Prozent auf Gebrauchsvermögen. Den weitaus größten Teil des privaten Immobilienvermögens macht das selbst genutzte Wohneigentum aus. Doch im europäischen Vergleich liegt Deutschland beim Wohneigentum dennoch zurück. Im Jahr 2003 wohnten 42,8 Prozent aller Haushalte in Deutschland mietfrei in den eigenen vier Wänden. Zehn Jahre zuvor waren es noch knapp 39 Prozent. Trotz dieses Anstiegs bleibt Deutschland unverändert am Ende aller europäischen Länder und – neben der Schweiz – das einzige Land, in dem die Mehrheit der Haushalte nicht über selbst genutztes Eigentum verfügt. Dies ergab eine Recherche des Berliner ifs Städtebauinstituts. In Westdeutschland liegt die Quote bei 44,5 Prozent (1993: 41,7%). In Ostdeutschland hat die Quote deutlich von 26,4 Prozent im Jahr 1993 auf 35,4 Prozent im Jahr 2003 zugelegt. Das ist auch auf die Privatisierung von Wohnungen und den damit verbundenen Verkauf an Mieter zurückzuführen.

Deutschland hinkt hinterher – weniger als die Hälfte wohnen in den eigenen vier Wänden.

Wohneigentumsquoten in Europa in Prozent

Spanien		86
Norwegen		86
Irland		78
Griechenland		74
Belgien		74
Italien		72
Luxemburg		70
Großbritannien		69
Schweden		65
Portugal		64
Finnland		64
Österreich		56
Frankreich		55
Niederlande		53
Dänemark		53
Deutschland		43
Schweiz		36
Zum Vergleich:	Kanada	63
	USA	69

Quelle: ifs 2004

Der Traum vom Eigenheim

Der Anteil der Immobilienbesitzer an der Gesamtzahl der deutschen Haushalte schwankt dabei nach Bundesländern deutlich. Das Saarland (75 Prozent), Rheinland-Pfalz (68 Prozent) und Bayern (57 Prozent) führen die Statistik an. Die als »Häusle-Bauer« bekannten Baden-Württemberger (53 Prozent) folgen erst auf Platz vier, gleichauf mit Schleswig-Holstein. Die Schlusslichter sind Hamburg (36 Prozent), Berlin (33 Prozent) und Bremen (30 Prozent). 79 Prozent der Mieter würden gerne Herr in der eigenen Wohnung sein. Das ergab eine aktuelle Emnid-Umfrage im Auftrag der Landesbausparkassen.

Renaissance des Eigenheims

Der Deutsche Sparkassen- und Giroverband (DSGV) führte mithilfe von TNS-Emnid eine repräsentative Befragung von 2100 Bundesbürgern durch. Die Essenz: 97 Prozent der Deutschen gehen beim Geld auf Nummer Sicher. Auf die Frage, welche Anlageform »am besten für den Vermögensaufbau geeignet« sei, nannten 48 Prozent der Befragten das Eigenheim. Ein Jahr davor waren es nur 43 Prozent. Auch haben vermietete Immobilien an Attraktivität gewonnen: 23 Prozent halten sie für ideal bei der Vermögensbildung, 4 Prozent mehr als im Vorjahr.

Warum Mieter zu Wohneigentümern werden wollen, in Prozent	
Unabhängigkeit vom Vermieter	98
In die eigene Tasche zahlen	94
Bleibender Wert, der vererbt werden kann	92
Gute Altersvorsorge	90
Langfristig günstiger als Miete	89
Höhere Lebensqualität	88

Quelle: LBS Research/TMS-Emnid 2004

Bei der Entscheidung für eine Immobilie stehen immaterielle Werte im Vordergrund.

Beim Wunsch nach einer eigenen Immobilie spielen bei vielen finanzielle Erwägungen nur teilweise eine Rolle. Meist stehen bei einer Entscheidung immaterielle Werte im Vordergrund. Eine selbst genutzte Immobilie kommt dem Wunsch der Menschen nach Sicherheit entgegen. Sie suchen zudem größeren persönlichen Freiraum und mehr Gestaltungsmöglichkeiten, wollen sich unabhängig von Vermieter, Mieterhöhungen oder Wohnungskündigung machen. Auch haben viele das Gefühl, nur als Eigentümer wirklich Herr im Haus zu sein. Die eigenen vier Wände haben nicht zuletzt einen emotionalen Wert. Nicht umsonst stehen bei den meisten Bundesbürgern Immobilien ganz oben auf der persönlichen Wunschliste: das Eigenheim oder die eigene Wohnung als Lebensziel. Aber Bau und Kauf der eigenen vier Wände sind ein finanzieller Kraftakt und für die meisten die mit Abstand größte Investition im Leben. Dies ist normalerweise nicht ohne Konsumverzicht zu schaffen.

Letztlich stellt eine Immobilie auch eine langfristige Geldanlage dar, die als Ertrag Mietkosten erspart. Damit sind Haus oder Eigentumswohnung ein ideales Altersvorsorge-Instrument. Denn Miete und Nebenkosten machen einen nicht unerheblichen Teil der monatlichen Belastungen aus. Wer dann im Alter mietfrei wohnen kann, hat damit den Großteil seiner Lebenshaltungskosten schon abgedeckt. Parallel zum niedrigeren Alterseinkommen erreichen Sie eine niedrigere monatliche Belastung. Einzige Voraussetzung: Die Immobilie sollte spätestens zum Eintritt in die Rentenphase schuldenfrei sein.

Zusatzrente durch mietfreies Wohnen im Alter

Die Zusatzrente durch mietfreies Wohnen im Alter lässt sich quantifizieren. Sie macht nach Berechnungen des Verbandes der Privaten Bausparkassen in Westdeutschland im Schnitt netto 614 Euro im Monat aus, in Ostdeutschland 435 Euro im Monat. Rentner können also ihr Netto-Einkommen um 32 (West) oder 26,5 Prozent (Ost) »aufstocken«, weil Sie keine Miete zu zahlen haben.

Was rechnet sich – mieten oder bauen und kaufen?

Mieten wird teurer. Der Anteil der Ausgaben für Wohnungsmieten am Haushaltsnettoeinkommen steigt mit zunehmendem Alter:

Für Mieter steigt die Belastung im Alter.

35-39 Jahre	17 Prozent
40-44 Jahre	17 Prozent
45-49 Jahre	17 Prozent
50-54 Jahre	18 Prozent
55-59 Jahre	18 Prozent
60-65 Jahre	28 Prozent
66-69 Jahre	29 Prozent
70-74 Jahre	30 Prozent

Quelle: Commerzbank 2004

Eigentümer dagegen haben in jungen Jahren eine stärkere Belastung zu tragen, die sich allerdings allmählich erheblich reduziert. Im Alter steht ihnen dann deutlich mehr Geld zur Verfügung.

Eigentümer haben in jungen Jahren weniger Geld zur Verfügung.

35-39 Jahre	34 Prozent
40-44 Jahre	29 Prozent
45-49 Jahre	22 Prozent
50-54 Jahre	18 Prozent
55-59 Jahre	12 Prozent
60-65 Jahre	12 Prozent
66-69 Jahre	11 Prozent
70-74 Jahre	8 Prozent

Quelle: Commerzbank 2004

Wie viel Mieter tatsächlich im Laufe ihres Lebens zahlen, dürfte ihnen nicht wirklich bewusst sein. Dabei kommen erhebliche Summen zusammen. Zahlen Sie beispielsweise nur 500 Euro an Miete, das aber über 25 Jahre, sind das stolze 250 000 Euro. Weitere Beispiele:

Monatliche Miete in Euro	in 15 Jahren	in 20 Jahren	in 25 Jahren
500	120 000	178 500	250 000
600	144 000	241 000	300 000
700	168 000	250 000	350 000
800	192 000	286 000	400 000
1000	240 000	357 000	500 000

Grundlage der Berechnung ist die Mietpreisentwicklung der letzten zehn Jahre. Durchschnittliche Steigerung: 4 Prozent im Jahr.

Quelle: Commerzbank 2004

Wohneigentümer haben zusätzlich ein höheres Geldvermögen als Mieter.

Nach Berechungen des Beratungsunternehmens empirica unterscheiden sich Mieter und Eigentümer nicht nur beim Immobilienbesitz. Während Mieter im Laufe ihres Erwerbslebens nur geringe Geldvermögen ansparen und deshalb im Alter fast vollständig auf die gesetzliche Rentenversicherung angewiesen sind, bauen Wohneigentümer – trotz gleicher Einkommen – ein Vielfaches an privatem Vermögen auf.

Die »Altersvorsorge-Bilanz« von Mietern und Eigentümern bei gleichen Nettoeinkommen von monatlich 1 500 bis 2 000 Euro unterscheidet sich stark. Miethaushalte besitzen im Alter von 55 bis 60 Jahren im statistischen Durchschnitt ein Geldvermögen von 20 000 Euro. Wohneigentümer haben dagegen statistisch ein Vermögen von 39 000 Euro aufgebaut, zusätzlich zum Immobilienvermögen von 100 000 Euro.

Die Vor- und Nachteile von Wohneigentum

Vorteil gefragter Sachwert

Wohnraum bleibt in vielen westdeutschen Ballungsräumen weiter knapp: Steigende Einwohnerzahlen durch Zuzug garantieren, dass die Sachwertanlage Immobilie dort dauerhaft nachgefragt wird. Auch nimmt die Zahl der Singlehaushalte seit Jahren zu. Nach Angaben des Statistischen Bundesamtes werden inzwischen rund 37 Prozent der insgesamt 35,9 Millionen Haushalte in Deutschland von einer Person bewohnt – bei weiter steigender Tendenz. Auch haben wir immer größere Wohnraumansprüche. Die durchschnittliche Wohnfläche je Einwohner betrug 1999 noch 38 Quadratmeter, 2004 sind es schon 41,6 Quadratmeter. Auch sind Grund und Boden ein knappes Gut. Sie sind nicht vermehrbar. Wohneigentum stellt damit eine solide Kapitalanlage dar. Zudem bildet man durch eine Immobilienfinanzierung Vermögen.

Der individuelle Wohnraumanspruch steigt.

Vorteil Sicherheit

Als Wohneigentümer sind Sie sicher vor Mieterhöhungen oder Kündigung. Auch machen Sie sich unabhängig von Wohnungsmangel. Anfangs ist der Kredit für die eigenen vier Wände sicher höher als die Mietbelastung. Doch weil sowohl die Mieten als auch die Baupreise steigen, fährt der Eigentümer bei einer soliden Finanzierung seiner Wohnimmobilie auf lange Sicht besser.

Vorteil Wertsteigerung

Kurzfristig unterliegen auch Immobilien starken Wertschwankungen.

Wohnimmobilien in guten Lagen waren bislang relativ unempfindlich gegen Konjunkturschwankungen. Auch ist ihre Wertsteigerung vergleichbar oder höher als die Geldentwertung. Preissprünge gibt es dabei nur selten. Also sind geeignete Objekte eine relativ sichere Geldanlageform. Kurzfristig unterliegen auch Immobilien mitunter starken Preisschwankungen – auch nach unten. Deswegen ist Wohneigentum eine mittel- bis langfristige Investition von 15 bis 30 Jahren.

Vorteil persönliche Entfaltung

Neue Fliesen fürs Bad? Einen anderen Bodenbelag im Wohnzimmer? Edle Armaturen in der Küche? Für einen Wohneigentumsbesitzer kein Problem. Sie sind unabhängig bei der Gestaltung Ihres Wohnraumes. Die eigenen vier Wände bieten mehr Freiraum für die persönliche Entfaltung als eine Mietwohnung. Kinder- und familiengerechtes Wohnen ist machbar. Als Eigentümer eines Hauses oder einer Eigentumswohnung können Sie so viele Kinder und Haustiere haben, wie Sie wollen. Zudem können Sie Ihren Besitz mehrfach nutzen: vermieten, verkaufen, vererben, verrenten.

Vorteil Altersvorsorge

Immobilien gelten als ideale Anlage für die private Altersvorsorge: Das selbst genutzte Eigenheim muss allerdings rechtzeitig zur Pensionierung entschuldet, die zur Finanzierung aufgenommenen Kredite also abgezahlt sein. Dann leben Sie im Alter hypotheken- und mietfrei. Immerhin macht die monatliche Miete einen Großteil der Lebenshaltungskosten aus. Dadurch lassen sich Einkommenseinbußen besser verkraften. Denn der dritte Lebensabschnitt kann sich über mehrere Jahrzehnte erstrecken.

Vorteil Steuerfreiheit

Die eigenen vier Wände bieten einen oft unterschätzten Zusatzvorteil: Alle Erträge – Mietersparnis und Wertsteigerung – sind steuerfrei. Zudem bieten Immobilien – noch – Steuervorteile bei der Erbschafts- und Schenkungssteuer. Im Schnitt geht nur die Hälfte des tatsächlichen Immobilienwertes in das steuerpflichtige Erbvermögen ein.

Nur die Hälfte des tatsächlichen Immobilienwertes wird zum Erbvermögen gezählt.

Nachteil langfristige Belastung

Bauherren und Immobilienkäufer gehen ein nicht unbeträchtliches Risiko ein: Die langfristige Anlageform verursacht jahrzehntelang eine hohe finanzielle Belastung. Da darf nichts schief gehen, sonst ist man der Anforderung nicht mehr gewachsen. Krankheit oder Arbeitslosigkeit reduzieren den persönlichen Spielraum gewaltig. Denn Zins und Tilgung stellen eine erhebliche Belastung dar. Als Immobilienbesitzer kommen auch die festen Kosten für Heizung, Strom, Müllabfuhr etc. dazu. Bei Eigentumswohnungen wird zudem Wohngeld fällig. Die immer größere Zahl von Zwangsversteigerungen demonstriert, dass die Pleiten von privaten Wohnungs- und Hauseigentümern, die sich schlicht und einfach finanziell übernommen haben, zunehmen. Gegen Wohneigentum spricht jahrelange Beschränkung in vielen Lebensbereichen.

Persönliche Krisen können zu Zwangsversteigerungen führen.

Nachteil gebundene Liquidität

Das Abbezahlen von Wohneigentum bedeutet, dass vorhandenes Vermögen langfristig gebunden ist. Damit ist die empfehlenswerte

Die Attraktivität des Objekts ist entscheidend.

Streuung des Vermögens in verschiedene Anlageformen zumindest erschwert, wenn nicht gar unmöglich gemacht. Bei Wohneigentum setzen Sie meist alles auf eine Karte. Wenn es kein attraktives Objekt ist, wird ein akzeptabler Wiederverkauf erschwert.

Nachteil Immobilität

Sie sollten Wohneigentum mindestens 5-10 Jahre selbst nutzen.

Immobilien sind – insbesondere als selbst genutztes Wohneigentum – eine sehr langfristig bindende Anlageform, die auch viele Verpflichtungen und Folgekosten mit sich bringt. Immobilienbesitz macht unflexibel. Wie der Name schon sagt, handelt es sich hierbei um »unbewegliches Vermögen«. Man ist auf eine bestimmte Stadt oder Gegend festgelegt. Ein attraktives Arbeitsplatzangebot aus einer anderen Stadt kann zu Entscheidungsnöten führen. Immobilien sind teuer – auch im Unterhalt – und binden viel finanzielle Kapazität. Deswegen ist Wohneigentum nur sinnvoll, wenn Sie mindestens für fünf bis zehn Jahre in Ihrer momentanen Lebenssituation und damit an Ihrem Wohnort bleiben. Aber Eigentum muss wegen eines Umzugs nicht aufgegeben werden. Sie können – vielleicht sogar nur vorübergehend – Ihr Wohneigentum vermieten und woanders selbst zur Miete zu wohnen.

Wichtig: die aktuelle Situation

Niedrige Hypothekenzinsen und moderate Immobilienpreise machen es vielen Anlegern leichter, eine eigengenutzte Immobilie zu finanzieren. In dieser Situation kann sich eine langfristige Zinsbindung rechnen.

1991 konnte man mit einer monatlichen Rate von 750 Euro ein Darlehen von 100 000 Euro finanzieren. Der Zinssatz damals: 8 Prozent.

2005 kann man mit der gleichen monatlichen Rate (bei gleicher Zinsbindung von 10 Jahren und Laufzeit von 25 Jahren) ein 137 000 Euro-Darlehen finanzieren. Zinssatz: 4,7 Prozent.

Immobilienfinanzierung: Drum prüfe, wer sich lange bindet

Es ist ganz normal: Üblicherweise sind Bauherren und Käufer von Wohnimmobilien auf so genanntes Fremdkapital angewiesen. Das eigene dürfte nur in den seltensten Fällen genügen. Und damit beginnt das eigentliche Problem. Denn eine Immobilienfinanzierung ist selten eine mittelfristige, meist eine langfristige Angelegenheit von mehreren Jahrzehnten. Und weil so lange dafür gezahlt werden muss, ist eine maßgeschneiderte Finanzierung besonders wichtig. Denn sie sollte individuell passen, darf nicht einengen und sollte auch so gestaltet sein, dass sie Konsumwünsche, Wohlergehen und auch Sondertilgungen des Hypothekendarlehens ermöglicht. Die meisten Menschen kaufen eine, höchstens zwei Immobilien im Leben. Deswegen sollten Sie sich im Klaren darüber sein, dass die Immobilienfinanzierung Sie ein langes Stück des Lebensweges begleitet. Schließlich soll Ihnen das abbezahlte Haus oder die schuldenfreie Eigentumswohnung nach der Pensionierung günstiges Wohnen ermöglichen. Deswegen muss besonders sorgfältig geplant werden.

Wichtig: die maßgeschneiderte Finanzierung

Mit reinen Baukosten oder dem Preis für die Traumimmobilie ist es nicht getan. Es kommen Nebenkosten dazu, die stark ins Gewicht fallen können und schon deswegen wehtun, weil sie nahezu alle in der ersten Zeit, also in der Bau- oder Kaufphase, zu begleichen sind. Kalkulieren Sie für Nebenkosten mindestens zehn Prozent, die Sie vollständig vom Eigenkapital bezahlen können sollten. Die Höhe der Gebühren, wie Grunderwerbssteuer sowie Notar- und Grundbuchgebühren, orientiert sich am notariell beurkundeten Kaufpreis. Geschickte Preisverhandlungen zahlen sich somit auch bei den Nebenkosten aus.

Die Nebenkosten betragen etwa 10 % der Gesamtsumme.

Die Nebenkosten sollten Sie mit Eigenkapital abdecken können.

Checkliste

Nebenkosten für Käufer von Wohnimmobilien

Notargebühren und Grundbucheintrag:
1,5 bis 2 Prozent des Kaufpreises

Kosten für Gutachten eines Bausachverständigen, Kosten unterschiedlich, mindestens 5000 Euro

Eventuell Maklercourtage: zwischen 3,5 und 7 Prozent des Kaufpreises exklusive Mehrwertsteuer

Modernisierungskosten

Reserven für Altbauten, denn es kann plötzlich Renovierungsbedarf auftreten

Verbindliche Kosten

Wertermittlungsgebühren:
0,5 Prozent des Objektwerts

Kosten für Grundschuldeintragung: 0,5 Prozent der Darlehenssumme

Grunderwerbssteuer: 3,5 Prozent des Kaufpreises oder der Gesamtkosten, auch bei Eigentumswohnungen

Umzugskosten

Regelmäßig wiederkehrende Kosten

Tilgung

Finanzierungszinsen für das Hypothekendarlehen oder den Bausparvertrag

bei Eigentumswohnungen: Wohngeld

Bewirtschaftungskosten wie Straßenreinigung, Müllabfuhr, Strom, (Ab-)Wasser, Heizung

Rücklagen schaffen

Grundsteuer: Höhe wird von den Gemeinden festgesetzt

Sparen für Sondertilgungen

Versicherungen:
eventuell Gewässerschaden-Haftpflichtversicherung, Wohngebäudeversicherung

Reserven allgemein

Auf der Habenseite: das Eigenkapital

Grundvoraussetzung für jede Immobilienfinanzierung ist ein ausreichender Eigenkapitalanteil. Dabei gilt: Je höher das Eigenkapital, desto geringer der Kreditanteil und umso besser Ihre Verhandlungsposition bei der Bank, wenn es um die Höhe des Zinssatzes geht. Denn Eigenkapital verringert von vornherein den Kreditanteil, senkt das Risiko für die Bank und für Sie und den Gesamtbetrag der zu zahlenden Zinsen. Und damit die laufenden Finanzierungskosten. Üblicherweise sind für eine solide Finanzierung mindestens 20, besser 30 Prozent Eigenkapital erforderlich. Bei niedrigem Einkommen eher mehr. Wer gut verdient, kann zur unteren Grenze tendieren. Eine wenig sichere Einkommenssituation erfordert mehr Eigenkapital, um das Risiko eines Scheiterns gering zu halten. Mit einem Kassensturz prüfen Sie die Höhe Ihres Eigenkapitals. Voraussetzung für den sinnvollen Einsatz ist die Liquidität der Mittel, also die Verfügbarkeit. Damit kommen auch noch gebundene, aber kurzfristig verfügbare Mittel in Betracht.

Mindestens 20–30 % Eigenkapital sind sinnvoll.

Checkliste Eigenkapital

- Bargeld
- Sparguthaben
- Termingelder
- liquidierbare Wertpapiervermögen wie Aktien, Anleihen, Investmentfonds
- in Kürze fällige Kapitallebensversicherungen
- zuteilungsreife Bausparverträge
- Kapitallebensversicherungen – aktueller Rückkaufswert
- Grundstück, auf dem Sie bauen können – frei von Hypotheken
- angezahltes Grundstück
- vorgezogene Erbauszahlungen oder Schenkungen
- Einsparungen durch Eigenleistungen (geschätzt)
- Verkaufserlös einer anderen Immobilie
- minus individuelle Sicherheitsreserve

Zinsgünstig – ein Arbeitgeberdarlehen

Vielleicht kommt es Ihnen merkwürdig vor: Fragen Sie doch wegen eines Darlehens Ihren Arbeitgeber! Denn es gibt (immer noch) Unternehmen, die Ihren Beschäftigten zinsgünstige Darlehen, manchmal sogar zinsfrei, zur Verfügung stellen. Sollten Sie zu diesen Glücklichen gehören, würde Zins und Tilgung dann Monat für Monat mit Ihrem Gehalt verrechnet. Fragen Sie zumindest in Ihrer Personalabteilung nach. Dabei sollte man sich darüber im Klaren sein, dass es sich bei der Arbeitsstelle um eine längerfristige Anstellung handeln sollte. Denn wenn Sie kündigen, müssen Sie möglicherweise die gesamte Restsumme zurückzahlen.

■ Üblich und empfehlenswert: Hypothekendarlehen

Das Hauptgewicht einer Wohneigentum-Finanzierung sollte auf einer langfristigen Hypothekenfinanzierung liegen. In der überwiegenden Zahl der Fälle dürfte ein Hypothekendarlehen für selbst genutzte Immobilien die günstigste Finanzierungsform sein. Dabei ist ein Hypothekendarlehen nichts anderes als ein langfristiger Kredit, der ratenweise zurückgezahlt wird. Üblich sind dabei die so genannten Annuitätendarlehen. Eine Besonderheit des Annuitätendarlehens sind die gleich bleibenden Raten während der gesamten Laufzeit. Sie setzen sich zusammen aus einem Zins- und einem Tilgungsteil, die sich jedoch über die Zeit unterschiedlich entwickeln. Anfänglich sind fast ausschließlich Zinsen zu zahlen, im Laufe der Zeit reduziert sich dieser Anteil zugunsten der Tilgung, denn mit jedem Euro Tilgung wird die Restschuld geringer, auf die Zins zu zahlen ist. In Konsequenz sinkt die Restschuld anfänglich nur langsam, mit der Zeit aber immer schneller. Die hauptsächliche Tilgung geschieht am Ende der Zahlungen.

Annuitätendarlehen: gleich bleibende Raten während der Laufzeit

■ Beispiel: Zins und Tilgung bei einem Annuitätendarlehen
Die jährliche Rate eines Hypothekendarlehens beträgt 8 400 Euro. Im ersten Jahr der Immobilienfinanzierung, 2003, zahlt der Immobilienfinanzierer 2 000 Euro Tilgung und 6 400 Euro Zinsen. 2014, im 12. Jahr, zahlt er dagegen 4 000 Euro Tilgung und 4 400 Euro Zinsen. Im vorletzten Jahr, also im Jahr 2024, sind nur noch 1 000 Euro Zinsen zu zahlen. Und 2026 tilgt er dann mit der ganzen Annuität von 8 400 Euro.

Gängigerweise wird ein Hypothekendarlehen in monatlichen Raten abbezahlt, die für einen bestimmten Zeitraum, meist fünf oder zehn Jahre, gleich hoch bleiben. Danach ist der Darlehensvertrag wieder neu auszuhandeln. Eine Wohneigentumsfinanzierung hat deshalb keine festgelegte Laufzeit.

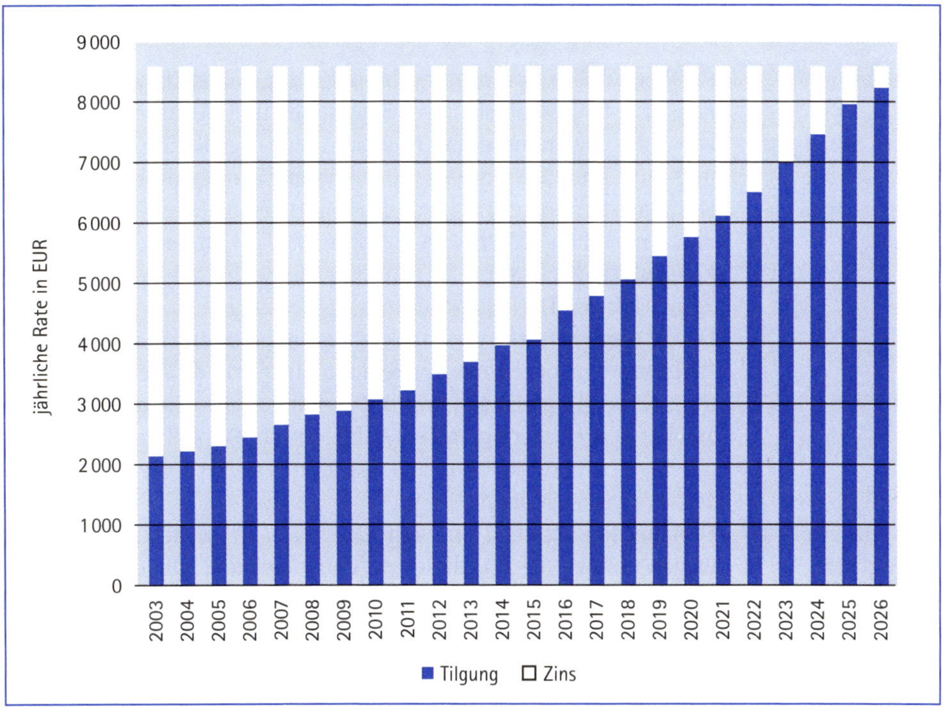

Der Tilgungsanteil steigt kontinuierlich an.

Rechenbeispiel: Ist Ihr Traumhaus finanzierbar?

Orientieren Sie sich an der Musterfinanzierung:

1. Finanzierung

Kaufpreis der Immobilie (130 qm)	260 000 Euro
Grunderwerbssteuer (3,5 Prozent)	9100 Euro
Maklercourtage (hier 6 Prozent)	15 600 Euro
Kosten Notar/Grundbucheintrag (1,7 Prozent)	4 420 Euro
Gesamtkosten	289 120 Euro
Einsetzbares Eigenkapital	– 65 000 Euro
Finanzierungsbetrag = Bankdarlehen	224 120 Euro

2. Monatliche Belastung

Finanzierungskosten

Rate Bankdarlehen (beispielsweise 5,5 Prozent Zins, 2 Prozent Tilgung, Laufzeit 24 Jahre)	1 401 Euro
Betriebskosten (Heizung, Strom, Wasser etwa 2,5 Euro/qm)	325 Euro
Instandhaltungskosten (1 Euro/qm)	130 Euro
Gesamtkosten	1 856 Euro

Empfehlung: mehrere Angebote einholen

Werden Sie untreu – nicht nur die Hausbank fragen.

Im Wettbewerb um Ihre Baufinanzierung stehen Hypothekenbanken, private Geschäftsbanken, Sparkassen und Genossenschaftsbanken. Eine davon dürfte Ihre Hausbank sein, bei der Sie bekannt sind und gute Bonität genießen. Hier können Sie persönlich zu einem Gesprächstermin gehen. Doch es ist sinnvoll, mehrere Angebote einzuholen und zu prüfen. Das gilt übrigens für den Beginn der Finanzierung ebenso wie für die Anschlussfinanzierung, wenn die Laufzeit des ersten Darlehens zu Ende geht.

Durch Vergleiche der Verbraucherberatung oder in Finanzzeitungen fällt Ihnen eventuell ein nur regional arbeitendes Kreditinstitut in Ihrer Nähe mit günstigen Konditionen auf. Fragen Sie außerdem bei zwei oder drei überregionalen Anbietern an. Parallel dazu informieren Sie sich über die aktuellen Marktzinsen durch die Lektüre von Wirtschaftsmagazinen.

Gehen Sie beim Vergleich der Angebote von identischen Eckdaten aus.

Darlehenskonditionen sind von Bank zu Bank unterschiedlich. Deswegen müssen die Angebote von den gleichen Eckdaten ausgehen, um vergleichbar zu sein. Dazu müssen Sie die nötigen Vorgaben liefern. Sie selbst bestimmen die benötigte Kreditsumme, die Dauer der Zinsbindung (üblicherweise 10, 15 oder 30 Jahre) und die Ihnen mögliche monatliche Belastung. Bei gleichen Vorgaben ist das Angebot mit der geringsten Restschuld das günstigste. Übrigens: Lassen Sie sich Angebote immer schriftlich geben.

Das Kriterium: der effektive Jahreszins

Entscheidend ist für Ihr Darlehen nicht der Nominalzinssatz. Das richtige Kriterium ist der effektive Jahreszins. Die Preisangabenverordnung (PAngV) verpflichtet die Banken zur Angabe des effektiven Jahreszinses, in dem die wichtigsten Kreditkosten bereits berücksichtigt sind. Der Effektivzins wird über eine Formel ermittelt, in der Nominalzins, Tilgungsvereinbarung, Auszahlungsquote, Zins-, Tilgungszahl und -verrechnungstermine enthalten sind.

Checkliste: Angebote einholen

Name der Bank/Sparkasse/
Hypothekenbank
Adresse
Ansprechpartner
Telefon
Datum

Kreditsumme

Nominalzinssatz

effektiver Jahreszinssatz nach PAngV

Zinsbindung

Tilgung

Höhe der gewünschten Monatsrate

Restschuld des Darlehens nach
Ablauf der Zinsbindung

Sondertilgung möglich ☐ ja ☐ nein

Höhe der Zusatzkosten

Schätzkosten für das Objekt

Bereitstellungszinsen

- Beginn

- Höhe

Kontoführungsgebühren

Bearbeitungsgebühren

weitere Nebenkosten

Angebot gültig bis

Holen Sie mehrere Angebote mit identischen Daten ein – so erhalten Sie den Marktüberblick.

Auch Häuslebauer brauchen mehr Eigenkapital – nicht nur für Unternehmen werden Kredite teurer

Mit Basel II wird die Bonität des Schuldners wichtiger.

Bis jetzt ist kaum einem Häuslebauer bewusst, dass auch er von dem Reformwerk Basel II betroffen ist. Die neuen Eigenkapitalrichtlinien zwingen ab 2006 alle Banken, ihre Kunden und Finanzierungsvorhaben nach individuellen Risiken für die Zinsbemessung zu unterscheiden. Denn die Banken unterliegen zukünftig verschärften Eigenkapitalvorschriften. Grund ist das Regelwerk zur Revision der internationalen Eigenkapitalregelung – in der Branche auch Basel II genannt –, das der Basler Ausschuss für Bankenaufsicht (in ihm sind die Bankenaufsichtsbehörden Westeuropas, Kanadas und der USA vertreten) der Bank für Internationalen Zahlungsausgleich im Dezember 2000 in New York beschlossen hat.
Das Fazit: In Zukunft spielt die Bonität des Schuldners bei der Kreditvergabe eine noch größere Rolle. Damit werden die Kreditkonditionen stärker als bisher differenziert. Das bedeutet, dass Bankkunden mit schlechterer Bonität auch schlechtere Konditionen hinnehmen müssen. Ziel der Baseler Arbeitsgruppe ist es, durch eine risikogerechtere Unterlegung der Bankaktiva oder auch Kredite mit Eigenkapital das gesamte Bankensystem langfristig zu stabilisieren. So sollen weltweit die Geschäftsbanken vor größeren Risiken im Kreditgeschäft bewahrt werden. Dies geschieht aus Vorsorge vor einer möglichen künftigen Wirtschaftskrise, bei der Banken zusammenbrechen könnten.

Das Zinsniveau – entscheidend für die Laufzeit

Niedrigzinsphasen verschaffen Bauherren und Immobilienkäufern günstige Konditionen. Dabei sind Zinsen der Preis für geliehenes Geld. Der langjährige Durchschnittszins für Immobilienfinanzierungen liegt bei 8,5 Prozent. Bei 7 Prozent und weniger spricht man schon von Niedrigzinsen. Ab 9 Prozent ist von einer Hochzinsphase auszugehen.
Hypothekendarlehen mit festgeschriebenen Zinsen bieten langfristig kalkulatorische Sicherheit. Der Kreditnehmer weiß hierbei für eine lange Zeit, wie viel er zu zahlen hat und kann dies in seiner Finanzplanung und Ausgabenpraxis berücksichtigen. Sinken die Zinsen aber nach Abschluss des Kreditvertrages, hat dies keinen Einfluss auf die Raten des Kreditnehmers. Er muss die vereinbarten hohen Zinsen für die gesamte Laufzeit des Vertrages zahlen. Steigen die Zinsen, sind dem Kreditnehmer die niedrigen Zinsen sicher.

Eine kniffelige Aufgabe: die Dauer der Zinsbindung

Eine weitere weit reichende Entscheidung steht für den Kreditnehmer bei der Wahl der Zinsbindung an. Bei Abschluss eines Annuitätendarlehens steht nur selten fest, wie lange die Laufzeit des Kredits sein wird. Denn das Darlehen wird zunächst nur für eine bestimmte Frist abgeschlossen – zwischen zwei und 30 Jahren. Damit legt man fest, wie lange man den bei Vertragsabschluss aktuellen Zinssatz zahlen will und sicher kalkulieren kann.

Niedrigzinsphasen: lang und fest

Sie sollten in Niedrigzinsphasen keine kurze Zinsbindung wählen – eine Zinsbindung von fünf Jahren birgt das Risiko, dass die Zinsen in der Zwischenzeit steigen. Was heute noch finanzierbar erscheint, kann in wenigen Jahren zu Belastungen führen, die nicht mehr zu verkraften sind. Stattdessen sollten Sie in Niedrigzinsphasen den Zins langfristig festschreiben. Das bietet größte Sicherheit gegen zukünftige Zinssteigerungen – ein Baudarlehen kann in Zukunft nur teurer werden. Die Zinsbindung sollte mindestens zehn, besser 15 Jahre betragen.

In Niedrigzinsphasen lange Zinsbindung wählen.

Hypothekendarlehen mit 15 Jahren Zinsbindung und mehr gehören mittlerweile zum Standardangebot. Der Vorteil für den Bankkunden: Selbst bei extrem langer Zinsbindung ist er nicht fester an seinen Kreditvertrag gebunden als bei der zehnjährigen Standardvariante. Während Zinsbindungen bis zehn Jahre unkündbar sind, ermöglicht Paragraph 489 BGB bei längeren Verträgen eine Kündigung nach dem zehnten Jahr der Laufzeit. Dann kann das Darlehen vom elften Jahr an jederzeit mit einer Frist von sechs Monaten gekündigt werden. Übrigens: Die Banken oder Sparkassen dagegen können nicht kündigen, sie sind stattdessen auf Dauer an die Konditionen gebunden. Der Baufinanzierer aber darf aus dem Vertrag aussteigen, Geld zurückzahlen und/oder einen neuen Vertrag mit günstigeren Konditionen abschließen.

Kreditnehmer sollten sich günstige Zinsen für lange Zeit sichern. Mindestens zehn, besser 15 Jahre sind empfehlenswert. Letzteres gibt – trotz des Kostenaufschlags – ein Mehr an Sicherheit.

Vorsicht Tilgungsfalle!

Die Standardtilgung ist die jährliche Tilgung von einem Prozent – die Kreditinstitute gehen gewöhnlich in ihren Angeboten davon aus. Auf Wunsch des Kunden vereinbaren sie aber auch höhere Tilgungen, welche die Gesamtlaufzeit erheblich verkürzen. Nicht nur das ist angenehm für den Kreditnehmer. Der bedeutsame Nebeneffekt einer kürzeren Zahlungszeit ist, dass weniger Zinsen gezahlt werden müssen. So ist für den Kredit insgesamt weniger an die Bank zu

Vorsicht: die Standardtilgung von einem Prozent führt zu langer Laufzeit und höherer Zinsbelastung.

überweisen. Je höher die Tilgung, desto kürzer die Gesamtlaufzeit, desto billiger der Kredit. Als weiterer Aspekt einer höheren Tilgung ist die Sicherheitsfrage beachtenswert. Denn bei einem Prozent Tilgung sind nach zehn Jahren lediglich 15 Prozent des Darlehens gezahlt, bei dreiprozentiger Tilgung dagegen fast die Hälfte. So lassen sich Zinserhöhungen mit niedriger Restschuld am Ende der Zinsbindung besser abfedern. Und hat der Kreditnehmer zu diesem Zeitpunkt Zahlungsprobleme, wird ihm das Kreditinstitut bei diesem Stand seiner Abzahlung sicher mit einer niedrigeren Tilgung entgegenkommen.

Schwierige Verbindung: niedrige Zinsen und geringe Tilgung

Die Freude an aktuell niedrigen Raten für einen Hypothekenkredit kann fatal sein. Viele sind dankbar, dass der Geldbeutel nicht stark strapaziert wird und noch Geld für angenehmen Konsum übrig bleibt. Wer momentan 100 000 Euro braucht, kann das Geld aufnehmen und den Zinssatz für zehn Jahre festschreiben. Doch die Verlockung, die Verbindlichkeiten lediglich mit einem Prozent zu tilgen, ist gefährlich, weil die Rückzahlung bei Zinssätzen von 4, 4,5 oder 5 Prozent 36, fast 38 oder sogar 40 Jahre dauern wird. Das zeigt, dass in Verbindung mit geringer Tilgung aktuell günstige Zinsen ein Problem sind. Hypothekenkredite laufen zu lang und können den Hausbesitzern den Lebensabend verdüstern.

Grund für die Tilgungsfalle

Die klassische Finanzierung mit einem Prozent Tilgung führt bei einem durchschnittlichen Zinssatz von acht Prozent zu einer Laufzeit von 27 Jahren und sechs Monaten. Allerdings bei einem Zinssatz von nur vier Prozent zu einer Laufzeit von mehr als 40 Jahren. Oder extrem: Bei einem Zinssatz von einem Prozent und einer Tilgung von einem Prozent dauert die Rückzahlung 70 Jahre. Der Grund für den Laufzeiteffekt eines Niedrigzinses: Die Restschuld nimmt durch die laufende Tilgung ab. Der Tilgungsanteil steigt nach jeder Rate um die Zinsen, die der Kreditnehmer mit der Tilgung spart. Diese Zinsersparnis fällt umso niedriger aus, je niedriger der Zinssatz für das Darlehen ist.

Finanzierungs-Tipp

Zins und Tilgung sollten zusammen acht bis neun Prozent betragen. Finanzieren Sie also beispielsweise mit 4,5 Prozent, ist eine Tilgung von 3,5 bis 4,5 Prozent sinnvoll.

Sondertilgungen

Sondertilgungen sind empfehlenswert zur schnellen Abzahlung. Mit Erspartem, einer Erbschaft, einem Grundstücksverkauf oder einer außerordentlichen Prämie im Job lässt sich die Finanzierungslast eines Hypothekendarlehens erheblich reduzieren. Deswegen sollten sich Baufinanzierer die Möglichkeit zu Sondertilgungen auch bei einem Festzinsdarlehen offen halten. Manchmal sind Kreditinstitute einverstanden, eine entsprechende Klausel in den Kreditvertrag aufzunehmen. Sondertilgungen sind nur dann sinnvoll, wenn sie kostenlos möglich sind. Aber auch hier muss im Einzelfall entschieden werden. Als Faustformel kann dabei dienen: Sondertilgung lohnt sich dann, wenn der Effektivzins des Darlehens höher ist als die Rendite festverzinslicher Wertpapiere. Dann sollten Sie – anstatt Ihr Geld anzulegen – es besser zum Zurückzahlen des Darlehens nutzen.

Faustregel: Die Sondertilgung lohnt sich, wenn der Effektivzins des Darlehens höher ist als die Rendite festverzinslicher Wertpapiere.

Ohne schriftliche Fixierung im Vertrag sind Sondertilgungen während der Festschreibungsfrist nicht oder nur gegen Zahlung einer oft hohen Vorfälligkeitsentschädigung möglich. Das ist eine Zahlung, die die Banken als Ausgleich für den entgangenen Gewinn einfordern. Schnell kommt man hierbei in den fünfstelligen Bereich. Über die Höhe dieser Entschädigung, ob sie angemessen ist oder nicht, wird oft und gern gestritten. Bis vor wenigen Jahren konnte man bei der Festsetzung dieser Entschädigung von Willkür der Banken sprechen. Zwei richtungsweisende Urteile des Bundesgerichtshofs haben aber diesem Verhalten ein Ende gesetzt. Danach dürfen Banken als Vorfälligkeitsentschädigung nicht jeden beliebigen Preis verlangen. Wohl dem, bei dem die Vorfälligkeitsentschädigung im Vertrag auf einen bestimmten Betrag begrenzt ist. Bei einer solchen Vertragskündigung – denn um nichts anderes handelt es sich bei Sondertilgungen – sollte ein Blick auf die aktuellen Marktzinsen geworfen werden. Denn tilgt man die Hypothek nicht vollständig, muss ja wieder ein Anschlussvertrag mit vielleicht unattraktiverer Verzinsung abgeschlossen werden. Ist keine Sondertilgung möglich oder sind die Kosten dafür schlicht zu hoch, dann sparen Sie besser auf das Ende der Zinsbindung hin. Denn dann können Sie tilgen, so viel Sie wollen, ganz oder teilweise.

Vorfälligkeitsentschädigung

Anschluss gesucht – die nächste Kreditrunde

Die ersten zehn Jahre Ihrer Immobilienfinanzierung sind geschafft. Sie konnten in dieser Zeit Ihren Finanzierungsbetrag schon erheblich verringern. Doch die meisten Immobilienfinanzierer benötigen einen zweiten Hypothekenkredit, um die aufgenommene Summe restlos tilgen zu können.

Bei der Erstfinanzierung feilschen viele Häuslebauer und Immobilienkäufer um Zehntelprozente. Doch bei der Anschlussfinanzierung nach fünf, zehn oder 15 Jahren nehmen sie häufig das Prolongationsangebot – das Verlängerungsangebot – der bisher finanzierenden Bank an. Rechtzeitiges Kümmern spart aber oft einige tausend Euro. Dem Verband deutscher Hypothekenbanken zufolge werden pro Monat 55 000 Anschlussfinanzierungen mit einem Durchschnitts-

Holen Sie auch bei der Anschlussfinanzierung mehrere Angebote ein.

Zukunftsmusik? Online-Abwicklung des gesamten Kreditvergabeprozesses

Online-Kredite auf dem Vormarsch

Immer mehr Verbraucher beantragen Kredite über das Internet. Das Online-Neugeschäft habe sich innerhalb von zwei Jahren verdreifacht und im ersten Halbjahr 2004 rund 454 Millionen Euro betragen, berichtet der Bankenfachverband. Bis Mitte 2004 hatten die Spezialfinanzierer den Angaben zufolge 1,2 Milliarden Euro über das Internet verliehen. Sie hätten ihren Bestand an Online-Krediten damit in einem halben Jahr um 30 Prozent ausgebaut, obwohl nach dem neuen Gesetz zum Fernabsatz von Finanzdienstleistungen Kunden einen Kreditvertrag innerhalb von 14 Tagen widerrufen können. Nach einem Vorschlag der EU-Kommission soll es in Zukunft möglich sein, Kreditverträge mit einer elektronischen Signatur zu besiegeln und damit den gesamten Kreditvergabeprozess online abzuwickeln. Bislang können Kunden Kredite zwar online beantragen, doch muss der Vertrag immer noch eigenhändig unterschrieben werden.

volumen von je 110 000 Euro fällig. Viele Immobilieneigentümer gehen bei der Anschlussfinanzierung weniger kritisch vor und vergleichen seltener als bei der Erstfinanzierung. In den meisten Fällen erweist sich dies als Fehler, denn die Anschlussfinanzierung ist eine gute Gelegenheit, monatliche Belastungen zu reduzieren. Daher sollte man sich frühzeitig über die aktuellen Konditionen und die zu erwartende Zinsentwicklung informieren. Und nicht auf die finanzierende Bank mit ihrem Prolongationsangebot warten. Denn laut BGH-Urteil muss ein Kreditinstitut erst vier Wochen vor Ablauf der Zinsbindung ein Verlängerungsangebot vorlegen. Wenig Zeit für eine wichtige Entscheidung!

Werden Sie drei Monate vor Ende der Laufzeit aktiv und holen Sie Angebote ein.

Allerdings holen nur knapp 60 Prozent der Beteiligten, so informiert eine Marktstudie von Infas TTR, bei der Entscheidung zur Anschlussfinanzierung konkrete Vergleichsangebote ein. Die Verbraucherzentrale Brandenburg rät dagegen, sich nicht mit dem ersten günstig erscheinenden Angebot zufrieden zu geben. Denn gründliches Vergleichen kann erhebliche Kosteneinsparungen bringen. Zudem könne man sich in der Verhandlung um günstige Konditionen darauf berufen, dass im Vergleich zum ursprünglich abgeschlossenen Kredit bei einer Anschlussfinanzierung die Restschuld und somit das Risiko der Bank viel geringer ist. Bleibt man bei der ursprünglichen Bank, sollte außerdem der geringere Aufwand bei einer bloßen Verlängerung des Darlehensverhältnisses gegenüber einem Neuabschluss argumentativ in die Waagschale geworfen werden. Spätestens drei Monate vor Ablauf der Zinsbindung sollten Immobilienfinanzierer aktiv werden und ein Verlängerungsangebot ihrer Bank und Konkurrenzangebote einholen.

Gibt es ein interessantes Angebot bei einer neuen Bank, sollte man sich nicht vor den Kosten scheuen, die der Umstieg auf ein anderes Kreditinstitut bringt. So entstehen beispielsweise bei einem Umschuldungsbetrag von 100 000 Euro und zehn Jahren Laufzeit Freigabe-, Notar- und Gerichtsgebühren zwischen 400 und 500 Euro. Sichert man sich aber durch den Wechsel der finanzierenden Bank nur einen Zinsvorteil von 0,5 Prozent, so spart man bei einer zehnjährigen Laufzeit des Darlehens ungefähr 5 000 Euro.

Bausparen

Es gibt viele gute Gründe zum Bausparen. Einer davon ist das Finanzieren einer Immobilie durch diese Form der Geldanlage. Das Bausparen wurde schon ausführlich im Kapitel »Wie kann ich Geld anlegen« erläutert. Bitte blättern Sie zurück, um sich über diese weitere Form der Immobilienfinanzierung zu informieren.

Gefährlich: Hypothekenfinanzierung durch Lebensversicherung

Wer bei seiner Baufinanzierung in den letzten Jahren auf eine Kapitallebensversicherung gesetzt hat, für den könnte es ein böses Erwachen geben. Denn die Auszahlungen der Lebensversicherungen werden deutlich geringer ausfallen als geplant. Der Grund: Die Überschussbeteiligungen sind enorm gesunken. Bei vielen Anbietern sind die einst komfortablen Reserven und Rückstellungen angesichts niedriger Renditen an den Renten- und hoher Kursverluste an den Aktienmärkten verdampft. Die Konsequenz: Es droht den Versicherungskunden eine unangenehme Finanzierungslücke. Vor Baufinanzierungen mit Lebensversicherungen warnt beispielsweise der Bund Anleger-orientierter Vermittler (BAV) in Hannover: »Diese Finanzierungsform kann problematisch werden, weil der Kreditnehmer während der Vertragsdauer keinerlei Tilgungsbeiträge zahlt, sondern erst bei Ablauf der Lebensversicherung aus der dann fälligen Summe den Kredit zurückzahlt.«

Finanzierungslücke durch gesunkene Überschussbeteiligung

Beispiel: Eine Immobilie wird über ein Darlehen von 300 000 Euro über 30 Jahre finanziert. Dieser Kredit soll nicht regelmäßig getilgt, sondern nach 30 Jahren auf einen Schlag aus der Ablaufleistung einer Kapitallebensversicherung zurückgezahlt werden. Die monatliche Prämie beträgt 350 Euro. Der darin enthaltene Sparanteil beträgt 247,35 Euro und verzinst sich nach damaliger Prognose des Versicherers mit 7 Prozent. In diesem Fall würden nach 30 Jahren die notwendigen 300 000 Euro zur Verfügung stehen. Nimmt die Verzinsung auf die vorgeschriebene Mindestverzinsung von

3,25 Prozent ab, beträgt die Finanzierungslücke 148 000 Euro, da nur noch knapp 152 000 Euro zur Auszahlung kämen. Diese Lücke in der Finanzierung muss vom Bauherrn ausgeglichen werden. Selbst wenn der Versicherer noch eine Rendite von 5 Prozent erreichen würde, fehlen am Ende noch 93 000 Euro zur Finanzierung. Doch der Kreditgeber verlangt das gesamte Darlehen zurück, da ja nicht getilgt wurde. Schon im Jahr 1989 hat der Bundesgerichtshof deshalb ein Grundsatzurteil gefällt, das Kreditgeber zu Schadensersatz verpflichtet, wenn der Kunde über diese Gefahren nicht aufgeklärt wurde.

Wichtig: die aktuelle Hochrechnung der Ablaufleistung

Wichtig ist für Lebensversicherungs-Finanzierer erst einmal der Überblick. Sie sollten eine aktuelle Hochrechnung von ihrer Versicherung über die voraussichtliche Ablaufleistung auf Basis der aktuellen Prognosen anfordern. Angesichts des dauerhaft niedrigen Zinsniveaus muss man von der Annahme ausgehen, dass sich die Überschussbeteiligungen der guten Jahre auf absehbare Zeit nicht wieder erzielen lassen werden. Zeigt sich angesichts der neuen Hochrechnung, dass die errechnete Summe zur Tilgung nicht ausreichen wird, gibt es verschiedene Möglichkeiten. Wenn der Darlehensvertrag es zulässt, kann die Kreditsumme mit Sondertilgungen reduziert werden. Oder es empfiehlt sich das Ansparen von zusätzlichem Eigenkapital, beispielsweise mit einem Sparplan, der in wenigen Jahren zum gewünschten Endguthaben führt.

Eigenheimzulage

Seit Jahren macht die Eigenheimzulage Schlagzeilen. Immer wieder wird ihre Streichung oder Kürzung auf der politischen Bühne diskutiert. Schon 2004 wurde die Eigenheimzulage stark zusammengestrichen. 1996 löste das neue Eigenheimzulagengesetz die alte Regelung zur privaten Wohneigentumsförderung über das Einkommensteuergesetz ab. Die Eigenheimzulage wird nun direkt und pünktlich vom Finanzamt gezahlt. Dafür sind nur wenige Voraussetzungen zu erfüllen: Die Wohnimmobilien müssen selbst oder von Angehörigen genutzt sein. Und man darf nicht zu viel verdienen. Ledige bekommen die Zulage, wenn sie in den letzten zwei Jahren insgesamt weniger als 70 000 Euro, Verheiratete, wenn sie in diesem Zeitraum weniger als 140 000 Euro Gehalt bekommen. Für jedes Kind erhöht sich der Betrag, der insgesamt verdient werden darf, um 30 000 Euro.

Jeder bekommt nur ein Objekt im Leben gefördert.

Jeder bekommt nur ein Objekt im Leben gefördert. Dann ist der so genannte Objektverbrauch eingetreten. Ehepaaren steht die Förderung zweimal zu, allerdings nur für verschiedene Objekte und nicht gleichzeitig. Seit 2004 gibt es keine Unterscheidung mehr zwischen Alt- und Neubauten. Die Zuschüsse für Ausbauten und Erweiterung sind weggefallen.

Kinderzulage – Finanzspritze für den Nachwuchs

Für Eltern ist die Eigenheimförderung besonders interessant: Bekommen sie doch zuzüglich zur Grundförderung von maximal 1 250 Euro pro Kind ebenfalls acht Jahre lang 800 Euro. Voraussetzung dafür ist allerdings, dass das Kind zum Haushalt gehört. Es muss aber nicht im geförderten Objekt wohnen. Außerdem müssen die Eltern für den Nachwuchs auch Kindergeld beziehen oder einen Kinderfreibetrag eingetragen haben. Bezahlt wird die Kinderzulage gewöhnlich bis zum Alter von 18 Jahren, sogar bis 27, wenn der Sprössling Ausbildung, Wehr- und Zivildienst oder ein soziales Jahr absolviert.

Pro Kind gibt es 6 400 Euro.

Die Komponenten der Eigenheimzulage im Überblick

Maximale jährliche Förderhöhe

Grundbetrag Neu-/Altbau	1 250 Euro
Kinderzulage Neu/Altbau	800 Euro

Wer bekommt wie viel? Die Eigenheimzulage für Singles, Paare und Familien in Euro insgesamt für 8 Jahre

	Single ohne Kind	Ehepaar ohne Kind	Familie mit einem Kind	Familie mit zwei Kindern	Familie mit drei Kindern
Grundförderung	10 000	10 000	10 000	10 000	10 000
Kinderzulage	-	-	6 400	12 800	19 200

Besserverdienende, die nicht in den Genuss der Eigenheimzulage kommen, sollten sie erneut beantragen, wenn sie weniger verdienen. Die Zulage wird dann wenigstens für die Restzeit gewährt. Wer nur knapp über der Einkommensgrenze liegt, sollte seinen Steuerberater konsultieren. Eine übliche Nutzung liegt auch dann vor, wenn Sie das Wohneigentum unentgeltlich einem Angehörigen überlassen. Das können Verlobte, Ehegatten und deren Geschwister, die eigenen Geschwister und deren Kinder – und auch geschiedene Ehegatten sein. Vermeiden sollte man die Jahresendfalle. Wenn Sie Ende des Jahres ein Haus oder eine Wohnung erwerben, jedoch erst zu Beginn des nächsten Jahres einziehen, verlieren Sie ein Jahr Förderung! Nach dem Eigenheimzulagengesetz besteht der Anspruch nur für Kalenderjahre, in denen die Wohnung zu eigenen Wohnzwecken genutzt wird. Die Eigenheimzulage kann jeder nur einmal im Leben bekommen. Ausgeschöpft ist sie allerdings nur, wenn sie auch acht Jahre lang überwiesen wird. Ziehen Sie also aus einem Wohneigentum schon nach wenigen Jahren aus, dann stehen Ihnen Jahre später beim Einzug in

Sie können das Wohneigentum auch unentgeltlich Angehörigen überlassen.

Insgesamt stehen Ihnen acht Jahre Förderung zu.

ein zweites Wohnobjekt die restlichen Förderjahre zu. Bei Scheidungen sollte man sich einigen, sonst ist der Anspruch für beide verwirkt. Einigt man sich aber darauf, dass der Partner, der im Wohneigentum bleibt, Alleineigentümer wird, bleibt der Förderanspruch für den zweiten erhalten.

Günstiges Baugeld über die KfW Förderbank

Neben der Eigenheimzulage gibt es noch weitere Wege, über Vater Staat an günstiges Geld zu kommen. So verhilft die bundeseigene KfW Förderbank zu zinsgünstigen Krediten. Aber auch Länder und Kommunen unterstützen bei der Finanzierung von Wohneigentum. Und auch bei Gemeinde- und Kreisverwaltungen lohnt eine Anfrage. Die Entscheidung für die staatliche Unterstützung ist einfach. Denn hier ist Baugeld so günstig wie sonst nirgends.

Baudarlehen der KfW sind unabhängig von der Einkommenshöhe.

Die bundeseigene KfW Bankengruppe engagiert sich vor allem in der Wirtschaftsförderung. Aber sie bietet auch für Private günstige Darlehen – zinsverbilligt oder sogar zinsfrei. Beliebt sind KfW-Kredite nicht nur wegen der niedrigen Zinsen. Anders als bei den meisten öffentlichen Förderprogrammen vergibt die KfW Baudarlehen unabhängig von der Höhe des Einkommens.

Bauherren können die Kredite der KfW über jede Bank oder Sparkasse erhalten. Die Einzelheiten sind mit dem finanzierenden Kreditinstitut abzusprechen, das auch den Antrag an die KfW weiterleitet. Wichtig: Die Anträge müssen vor dem Beginn des Bau-, Kauf- oder Modernisierungsvorhabens gestellt werden. Ausgenommen sind damit Umschuldungen und Nachfinanzierungen. Dafür sind Kombinationen mit anderen öffentlichen Förderprogrammen meist möglich.

Exkurs: Immobilienschnäppchen bei Zwangsversteigerungen

Immer mehr Immobilienfinanzierungen platzen. Arbeitslosigkeit, Scheidungen, Erbstreitigkeiten oder Berufsunfähigkeit durchkreuzen die Finanzierungspläne der Hausbesitzer. Ein breites Feld für Schnäppchenjäger. Sie nutzen die Hammer-Methode, um zur eigenen Immobilie zu kommen.

Aber Vorsicht! Nur wer gut vorbereitet und kühl abwägend mit dem richtigen Riecher und ruhigem Blut die Sache angeht, sorgt dafür, dass sich der Versteigerer nicht noch einmal mit dieser Immobilie beschäftigen muss.

Ein lukrativer Bereich für Immobilienprofis

Immobilienversteigerungen wurden in den letzten Jahren zu einem lukrativen Bereich für Immobilienprofis. Und auch die Gläubigerbanken steigern kräftig mit, um ihre Verluste wettzumachen. Zuvor warteten sie vergeblich auf Kreditraten und beantragen schließlich die Zwangsversteigerung des Objekts.

Wer eine solche Immobilie ersteigert, hat neben dem geringeren Kaufpreis weitere finanzielle Vorteile. Er muss keine Notar- und Maklerkosten zahlen. Allerdings bedarf es viel Eigeninitiative. Versteigerungstermine erfahren Sie meist vier bis acht Wochen vorher aus den Aushängen der Amtsgerichte. Die Zwangsversteigerungsstellen der Amtsgerichte veröffentlichen diese auch per Anzeigen in den Tageszeitungen. Es gibt auch spezielle Versteigerungskalender. Neben den Terminen enthalten diese Informationen über das Objekt, seine Lage, die Größe, das Baujahr und den Verkehrswert. Beim Amtsgericht können Sie das fachliche Gutachten einsehen. Hier informiert man sich über die Baubeschreibung und eventuelle Mängelhinweise. Die Verkehrswertschätzung, von einem Sachverständigen ermittelt, ist kritisch zu prüfen. Dazu sollten Sie einen Fachmann hinzuziehen oder den aktuellen Marktwert selbst beurteilen können. Ein zusätzlicher Blick ins Grundbuch verrät, wem das Objekt gehört. Und der zuständige Rechtspfleger klärt über eventuell bestehende Lasten wie Wohngeldrückstände bei einer Eigentumswohnung auf, die vom neuen Eigentümer zu zahlen sind. Auch ist es wichtig zu wissen, ob Mieter oder gar der Eigentümer im Objekt wohnen. Als neuer Eigentümer haben Sie die Möglichkeit des Sonderkündigungsrechtes, das allerdings gerichtlich durchgesetzt werden muss. Beim Alteigentümer ist eventuell eine (unangenehme) Zwangsräumung nötig.

Prüfen: Grundbuch und Wohngeldrückstände

Dann sollten Sie das Objekt genau besichtigen, eventuell mit einem Bauexperten. Gut, wenn dies auch von innen möglich ist. Denn das sind die eigentlichen Risiken einer ersteigerten Immobilie: die versteckten Mängel. Der Ersteigerer hat keinen Gewährleistungsanspruch gegen den früheren Besitzer, den Gläubiger oder das Gericht. Mieter oder Eigentümer dürfen eine Besichtigung auch verweigern. Sind Sie trotzdem stark an der Immobilie interessiert, dann sollten sich in Ihrem Budget reichlich Reserven befinden.

Versteigerungstermin

Zum Versteigerungstermin nehmen Sie Ihren gültigen Personalausweis mit. Außerdem sollten Sie entweder mit Bargeld ausgestattet sein oder besser mit einem beglaubigten Scheck, denn zehn Prozent des Gebots müssen als Sicherheit hinterlegt werden. Um Ihre Taktik auszuarbeiten, sollten Sie vorher einige Versteigerungen besucht haben.

Das Höchstgebot muss 70 % des Verkehrswertes erreichen – sonst gibt es einen zweiten Termin.

Beim ersten Versteigerungstermin muss das Höchstgebot 70 Prozent des Verkehrswertes erreichen. Dies schreibt der Gesetzgeber zum Schutz der Schuldner vor. Dabei dauert die vorgeschriebene Bietstunde 60 Minuten. Genug Zeit, um die Lage zu sondieren und Preistreiber zu erkennen. Wurden die vorgeschriebenen 70 Prozent des Verkehrswertes nicht erreicht, setzt das Gericht einen zweiten Termin an. Hier gelten die Bestimmungen nicht mehr – das Höchstgebot bekommt den Zuschlag. Damit steht der neue Eigentümer der Immobilie fest. Letzter Akt ist dann der so genannte Verteilungstermin, etwa sechs Wochen nach dem Zuschlag. Hier ist dann das restliche Geld zu zahlen, zuzüglich 4 Prozent Zinsen für diesen Zeitraum. Außerdem werden Gebühren fällig: 0,5 Prozent des Kaufpreises für Zuschlag und Grundbuchumschreibung und 3,5 Prozent für die übliche Grunderwerbssteuer.

So können Immobilien für Sie eine wichtige Rolle spielen

Listen Sie alle Kosten auf!

- Listen Sie alle Kosten auf, die auf Sie zukommen: Kaufpreis, die anfallenden Nebenkosten und spätere laufende Kosten, eventuelle Modernisierungskosten, auch die monatlichen Zinszahlungen. Denn bei Ihrer Finanzierung muss alles passen. Sie haben sich doch verschiedene Finanzierungsangebote eingeholt? Obwohl historisch niedrig, wollen die Hypothekenzinsen jeden Monat über viele Jahre lang bezahlt sein.
- Prüfen Sie den baulichen Zustand, bei Eigentumswohnungen den des Sondereigentums und des Gemeinschaftseigentums. Auch Grundriss und Ausstattung sollten gründlich begutachtet werden. Konsultieren Sie eventuell einen Experten.
- Den Kaufvertrag sollten Sie nur bei einem Notar Ihrer Wahl unterschreiben. Lassen Sie sich die vertraglichen Unterlagen vom Notar erklären. Und denken Sie daran: Nur wer im Grundbuch steht, ist Eigentümer.
- Wohneigentum ist eine sichere, aber keine risikofreie Altersvorsorge. Darum sollte das Immobilienobjekt attraktiv und seine Finanzierung stimmig sein.
- Kreditraten und Bewirtschaftungskosten fürs Eigenheim sind anfangs fast immer höher als eine vergleichbare Miete. Je teurer die Immobilie und je knapper die Eigenmittel, desto eher sind die Grenzen der Belastbarkeit erreicht.

Lassen Sie sich Zeit!

- Lassen Sie sich Zeit. Und lassen Sie sich nicht drängen. Das gilt für die Objektauswahl, den Kaufvertrag und die Finanzierung.
- Geben Sie sich nicht mit dem zweitbesten Angebot zufrieden. Wenn Sie sich in Ihren vier Wänden wohl fühlen oder ein Gewinn bringendes Objekt mit gutem Wiederverkaufswert erwerben wollen, muss alles stimmen.
- Finanzieren Sie nie über den reinen Kaufpreis hinaus. Schon eine Vollfinanzierung kann manche an den Rand des Machbaren bringen.
- Die monatlichen Raten für den Kredit sollten nicht höher sein als 40 Prozent des Nettoeinkommens. Wer also 3 000 Euro netto verdient, der sollte keine höhere Kreditbelastung als 1 200 Euro im Monat tragen. Denn trotz der Immobilienfinanzierung brauchen Sie für Ihr Leben Sicherheitsreserven.

Setzen Sie nicht alles auf eine Karte!

- Setzen Sie bei Ihrer Altersvorsorge nicht alles auf eine Karte – sonst kann der Immobilienkauf zu einer risikoreichen Anlage werden. Damit ist die empfehlenswerte Streuung des Vermögens in verschiedene Anlageformen zumindest erschwert, wenn nicht gar unmöglich gemacht. Eine eigene Wohnimmobilie ist gut und schön, aber Sie werden sich nur dann wohl fühlen, wenn Sie sie auch über

Jahre hinweg finanzieren können. Wenn Sie unsicher sind, ob Sie sich eine eigene Immobilie leisten können: Nutzen Sie die Finanzierungsberatung der Verbraucherzentralen.

Lassen Sie sich Sondertilgungstermine einräumen!

- Achten Sie darauf, dass im Darlehensvertrag die Möglichkeit der Sondertilgung eingeräumt wird. Damit drücken Sie die Restschuld des Hypothekendarlehens, die laufenden Finanzierungskosten sinken. Ziel ist die schnelle Entschuldung Ihrer Immobilie. Erst mit einem schuldenfreien Objekt schöpfen Sie die Vorteile des Immobilienbesitzes voll aus. Deswegen: Schon beim Kauf an Zwischentilgung denken und auf diesen Termin hinsparen.
- Im Eigenheim muss keine Miete gezahlt werden. Statt Miete kann man also Eigentum finanzieren. Allerdings können unvorhergesehene Unterhaltskosten einen Strich durch die Rechnung machen. Deswegen müssen Immobilienbesitzer immer etwas Liquidität vorhalten – sinnvollerweise als Geldmarktfonds oder Tagesgeld.

Immobilien im Alter – vielfältige Möglichkeiten

Was tun, wenn das Haus zu groß wird?

Die meisten bleiben in ihrem angestammten Zuhause, auch nachdem die Kinder längst ausgezogen und Familienwohnung oder Haus zu groß geworden sind. Dafür muss aber in den meisten Fällen das Haus umgebaut, es auf die besonderen Bedürfnisse seiner Bewohner zugeschnitten werden.

Immobilie vermieten

Eine Möglichkeit beim Hausumbau könnte es sein, ins Erdgeschoss zu ziehen und das Obergeschoss für Mieter beziehbar zu machen. Das kann Vorteile haben: Es ist jemand im Haus, wenn man selbst verreist. Vielleicht lässt sich auch mit den richtigen Mietern ein gewisser Grad von Betreuung organisieren. Nachteilig ist sicher das vielleicht ungute Gefühl, nicht mehr allein unterm eigenen Dach zu sein. Auf der finanziellen Seite stehen allerdings regelmäßige Einnahmen. So kann die Miete eine zweite oder weitere Rente werden.

Immobilie verrenten

In den eigenen Wänden bleiben, sie verkaufen und Rente kassieren. Eine elegante Lösung, um das monatliche Haushaltsbudget aufzustocken. Damit kann man nicht nur mietfrei im eigenen Haus oder in der Wohnung wohnen, sondern auch den eigentlichen Wert der Immobilie nutzen: Man beleiht seine Immobilie durch ein Darlehen mit monatlicher Auszahlung in der von Ihnen gewünschten Höhe.

Eine Bank oder Versicherung zahlt dann eine lebenslange Rente. Das kann für Sie eine gute Regelung sein – nur nicht für Ihre Erben. Beim Verrenten erhält man statt des Kaufpreises in den nächsten Jahren eine laufende Rente. Diese Rente steuert zum Lebensunterhalt des Verkäufers bei. Der Verkauf einer Immobilie auf Rentenbasis funktioniert als Leib- oder Zeitrente. Deswegen ist die Konstruktion eigentlich nur im Alter üblich. Eine Leibrente wird bis zum Tode des Verkäufers gezahlt und bedeutet aus seiner Sicht Sicherheit bis an sein Lebensende. Die Gestaltung eines Rentenvertrages ist frei vereinbar, muss aber notariell abgeschlossen werden. Höhe und Anzahl der Raten und alle weiteren Aspekte sind genau festzulegen.

Die Immobilie wird zur Leib- oder Zeitrente.

Käufer der Immobilie können die eigenen Kinder, andere Verwandte oder Bekannte oder auch andere Privatleute sein. Es gibt aber auch Unternehmen, die dies ermöglichen. Einige Versicherungsgesellschaften und Bausparkassen bieten dieses Vorsorgeprodukt für Eigenheimbesitzer an. Dabei geht es um einen Tausch: Die Hausbesitzer bekommen eine monatliche Rente bis zu ihrem Tod. Danach erhält das Unternehmen das Haus als Ausgleich. Die Höhe der Zahlung hängt von dem Verzehrwert der Immobilie – das ist der Verkehrswert abzüglich 10 Prozent – und vom Eintrittsalter, Geschlecht, sowie Familienstand des Hausbesitzers ab. Der Vorteil: Man kann weiter in seiner gewohnten Umgebung mietfrei wohnen und den Wert des Hauses nutzen, um seinen Lebensstandard im Alter zu halten oder sogar zu erhöhen. Statt das selbst bewohnte, schuldenfreie Haus für spätere Erben aufzubewahren, versilbert der Ruheständler aber sein immobiles Kapital schon zu Lebzeiten. Damit ändert sich an den Eigentumsverhältnissen zunächst nichts – der Nutzer bleibt Hauseigentümer mit allen Rechten und Pflichten. Der Nachteil des »Verfrühstückens«: Die Rendite dieses Modells ist mager.

Verkaufen und Rechte einräumen

Die Erträge aus einer Immobilie nutzen und trotzdem das Recht haben, darin wohnen zu dürfen, und dies lebenslang – das Wohnrecht macht diese Konstellation möglich. Beim Wohnrecht wird eine Immobilie verkauft, vertraglich ist aber das Recht eingeräumt, die Immobilie oder einen Teil davon weiter bewohnen zu dürfen. Typischerweise ist das Wohnrecht in Familien üblich, wenn beispielsweise Eltern den Kindern ein Haus überlassen. Ein Wohnrecht muss notariell beurkundet und im Grundbuch eingetragen werden. Es ist weder vererb- noch veräußerbar.

Wohnrecht

Ähnlich ist das Nießbrauchrecht, nur dass es sehr viel umfänglicher ist. Sehr weit gefasst kann dieses Recht bedeuten, dass jemand eine Immobilie verkauft, der Nutzen aus der Immobilie aber bei ihm als

Nießbrauchrecht

Nießbraucher verbleibt. So kann zum Beispiel ein vermietetes Mehrfamilienhaus verkauft werden, der Eigentümer wechselt also, doch sämtliche Mieteinnahmen gehen an den Nießbraucher.
Ein Nießbrauchrecht muss ebenfalls beurkundet und im Grundbuch eingetragen sein. Auch Nießbrauchrechte werden häufig in Familien eingeräumt. Beispiel: Die Eltern überlassen den Nachkommen ein Haus, verbringen dort ihren Lebensabend und erst danach geht der Nießbrauch an die Kinder über. Angenehmer Nebeneffekt von Wohn- und Nießbrauchrecht: Übertragen Eltern den Kindern schon zu Lebzeiten das Haus, wird die Erbschaftssteuer umgangen.

Zusammenfassung

Nüchtern wird das Thema Wohnimmobilien wohl nur von den wenigsten betrachtet werden. Dabei gilt es bei der größten finanziellen Transaktion im Leben genau nachzurechnen, ob die größeren Belastungen auch zu stemmen sind. Schließlich dauern Immobilienfinanzierungen meist mehrere Jahrzehnte und müssen auch in dieser Zeit ein angenehmes Leben ermöglichen, dürfen nicht einschnüren und sollten auch in Krisenzeiten durchzuhalten sein. Jeder sollte für sich durchrechnen (lassen), ob es für ihn persönlich besser ist, in Miete zu bleiben oder ins Eigentum zu wechseln.

Vor- und Nachteile

Für Immobilien sprechen emotionale Werte, die Steuerfreiheit der Wertsteigerung und der Altersvorsorgeaspekt. Dagegen sprechen die langen Zahlungsphasen, zu denen sich Immobilienbesitzer verpflichten müssen, und die fehlende Liquidität. Finanzieren sollte man mit einem Hypothekendarlehen, helfen kann auch schon vorhandenes Bausparkapital. Nicht empfehlenswert ist es dagegen, eine Immobilie mit einer Kapitallebensversicherung zu finanzieren. Grundsätzlich ist es entscheidend, mindestens 20 Prozent vom Preis der Immobilie als Eigenkapital zu besitzen. Ohne Eigenkapital wird Ihnen in der Regel kein Hypothekendarlehen zur Verfügung gestellt. Zu beachten ist bei diesem die richtige, das bedeutet bei niedrigem Zinsniveau eine möglichst lange Zinsbindung sowie eine möglichst hohe Tilgung, damit sich die Laufzeit Ihrer Immobilienfinanzierung nicht über vier Jahrzehnte erstreckt, wie sich dies durch die Kombination von niedrigen Zinsen mit geringer Tilgung und der damit verbundenen Tilgungsfalle ergeben kann.

Das Ziel: schnelle Entschuldung

Sinnvoll ist es, Sondertilgungstermine wahrzunehmen oder auf das Ende der Zinsbindung hin zu sparen – dann fällt auch keine Vorfälligkeitsentschädigung an. Ziel ist es, die Immobilie so schnell wie möglich zu entschulden – dadurch wird sie billiger, die Finanzierung sicherer und zudem Ihr Haus oder Ihre Wohnung zu einem

Wohneigentum lohnt

Zu diesem Ergebnis kommt das Eduard-Pestel-Institut aus Hannover. Die Experten vergleichen drei Investment-Alternativen: den durch Bausparen finanzierten Erwerb einer selbst genutzten Immobilie, eine Versicherungspolice und einen Immobilienfonds, den Deka-Fonds-1. Dabei unterstellten sie drei Anlegertypen: den Single, eine Familie mit zwei Kindern und ein kinderloses Paar. Die Annahme: Alle drei Anlegertypen verfügen über das gleiche Einkommen und investieren monatlich den gleichen Betrag in die verschiedenen Anlagen.

Vergleichsanalyse:

Das Ergebnis: Nach 25 Jahren fuhren die Familie und der Single mit der selbst genutzten Immobilie am besten. Die Vergleichsanalyse zeigt, dass die Stärken und Schwächen der drei Anlagestrategien aus dem jeweiligen Verhältnis zwischen innerer Wertentwicklung der jeweiligen Anlage und steuerpflichtiger Ausschüttung entstehen.

Lebensversicherung

1. Der Lebensversicherungssparer profitiert von einer relativ gleichmäßigen, inneren Wertentwicklung von durchschnittlich 6,2 Prozent über die 25 Jahre, er erhält keine Ausschüttung, der gesamte Wertzuwachs ist steuerfrei. Absetzbar ist ein Teil der Prämie.

Immobilienfonds

2. Der Deka-Fonds-Sparer erreicht trotz der steilen Abstürze nach dem Jahr 2000 bis Ende 2002 noch eine Gesamtrendite vor Steuern über den 25-jährigen Vergleichszeitraum von 7,2 Prozent. Da jedoch ein Teil dieser Rendite aus steuerpflichtigen Ausschüttungen besteht, liegt seine Rendite nach Steuern nur bei 5,9 Prozent.

selbst genutzte Immobilie

3. Der Immobiliensparer hat einen inneren Wertzuwachs seiner Immobilie nur bis zum Jahr 1996. Danach war der innere Wertzuwachs negativ. Dafür steigt jedoch die Ausschüttung in Form von eingesparter Miete mit der Rückzahlung der Kredite und sinkender Zinslast steil an. Er erreicht in der Summe von Wertentwicklung und steuerfreier Mietersparnis eine Rendite von 5,8 Prozent. Die Steuerentlastung über eine Sonderabschreibung lässt die Rendite nach Steuern (je nach Familienstand) auf 6,1 bis 6,4 Prozent ansteigen.

Interessant ist das Nettovermögen der drei Haushaltstypen am Ende des 25-jährigen Betrachtungszeitraumes:

Haushaltstyp	**Lebensversicherungssparer**	**DEKA-Fonds-Sparer**	**Immobiliensparer**
Angaben in Euro			
Single-Haushalte	161 332	155 010	169 865
Ehepaar ohne Kinder	302 139	279 255	292 657
Ehepaar mit 2 Kindern	201 200	202 978	216 388

tragfähigen Baustein der Altersvorsorge, denn das bietet allein eine abgezahlte Immobilie. Diese ermöglicht außerdem im Alter verschiedene Möglichkeiten. Sie können sie (teilweise) vermieten, sie verrenten oder vererben.

Tipps für die verschiedenen Geldtypen

Souveräne

Die Finanzierung und Abwicklung einer Immobilienfinanzierung dürfte für Sie keine große Herausforderung darstellen. Fügen Sie ihrem Altersvorsorge-Portfolio den soliden Baustein Wohnimmobilie hinzu. Und gönnen Sie sich – ganz nebenbei – auf diese Weise ein höheres Maß an Lebensqualität. Aus steuerlichen Gründen könnte eine vermietete Immobilie ebenfalls infrage kommen.

Ambitionierte

Auch auf Ihrer Wunschliste dürfte eine eigene Immobilie stehen. Erfüllen Sie sich diesen Traum, berücksichtigen Sie aber die beschriebenen Sicherheitsnetze. Sie haben doch ansonsten schon ausreichend vorgesorgt? Als weiterer Baustein könnte auch eine vermietete Immobilie sinnvoll sein.

Vorsichtige

Sie laufen nicht jedem Trend hinterher. Und das ist auch gut so. Der eigenen Wohnimmobilie sollten Sie sich aber annähern, indem Sie so viel wie irgend sinnvoll Eigenkapital aufbauen, ohne damit bei der Altersvorsorge alles auf eine Karte zu setzen. Dann ist es möglich, ohne großes Risiko eine Wohnung oder ein Häuschen zu kaufen und es in einer überschaubaren Zeit abzuzahlen.

Pragmatiker

Zu einer ausgewogenen Altersvorsorge kann eine Immobilie gehören. Abgestellt auf Ihre Lebenspläne und -ziele sollten Sie entscheiden, ob dieses finanzielle Engagement für Sie mit seinen Vor- und Nachteilen infrage kommt. Ziehen Sie dann eine Wohnimmobilie in Erwägung, wenn Sie Ihre nächste Lebensphase am gleichen Wohnort verbringen wollen. Typischerweise dürften vermietete Immobilien eher weniger sinnvoll für Sie sein.

■ Delegierer

Es muss nicht immer ein Haus oder eine Eigentumswohnung sein. Es ist besser, monatlich die Miete zahlen zu können als sich in ein Finanzabenteuer zu stürzen, das mit großen Verlusten enden kann. Also bleiben Sie bei Ihren Leisten, überschätzen Sie Ihre Möglichkeiten nicht und wohnen Sie – zwar zur Miete –, aber sicher.

■ Bescheidene

Der Staat kürzt immer mehr private Subventionen. Für Sie ein Grund, sich noch weniger mit dem Thema Wohnimmobilien auseinander zu setzen. Doch wenn Sie die noch verbleibenden staatlichen Unterstützungen für Ihre Altersvorsorge beziehen, dann werden Sie auch in gemieteten Räumen im Alter abgesichert leben.

■ Leichtfertige

Eine Immobilie als Altersvorsorge steht für Sie eher nicht zur Debatte. Zu aufwändig ist für Sie Planung und Durchführung einer Immobilienfinanzierung. Doch das muss nicht zwingend schlecht sein. Es gibt weitere Möglichkeiten, um eine ausgewogene und sichere Altersvorsorge zu erzielen.

■ Überforderte

Passend zu Ihrem Geldtyp sollten Sie beim Thema Immobilien erst einmal klein anfangen. Nur wenn eine eigene Wohnimmobilie tatsächlich zu Ihren großen Wünschen zählt, sollten Sie sich – mit professionellem und neutralem Rat – mit der Finanzierung auseinander setzen.

Es beginnt schleichend, doch seit Monaten ist das Konto schon zur Monatsmitte leer. Verfestigt sich die Situation und kommen dann Finanzprobleme durch Babypause oder Arbeitslosigkeit hinzu, kann der Weg in die Schuldenspirale drohen. Doch es gibt Hilfen.

Was mache ich in finanziellen Krisen?

Leitfrage aus dem Kanon der finanziellen Allgemeinbildung

Welche Möglichkeiten habe ich bei Anpassungsbedarf und Krisen?

Der Schulden-Kompass 2004, eine jährliche Information der Schufa zur privaten Ver- und Überschuldung in Deutschland, zeigt es: So genannte Zahlungsstörungen nehmen zu. Die Schufa registrierte von 2002 auf 2003 in allen Bundesländern ein Plus der Personen mit neu gemeldeten Zahlungsstörungen von durchschnittlich 19 Prozent. Die Zahlungsstörungen – das sind offene, ausreichend angemahnte und unbestrittene Forderungen – legen als »weiches« Negativmerkmal stärker zu als die »harten« Negativmerkmale mit plus 8 Prozent wie die Abgabe einer eidesstattlichen Versicherung oder die Eröffnung eines Privatinsolvenzverfahrens.

Zahlungsstörungen nehmen zu.

Neu aufgenommene Konsumentenkredite betragen im Westen (Osten) durchschnittlich 8533 (7129) Euro, wobei mehr als zwei Drittel der Konsumentenkredite niedriger als 11 000 Euro sind. Kredite, die nicht mehr getilgt werden, betragen im Westen (Osten) durchschnittlich 8717 (7280) Euro. Über 22 Prozent der ausgefallenen Kredite belaufen sich auf unter 2000 Euro.

Konsumentenkredite

Eine von der Schufa für den Schulden-Kompass 2004 beauftragte Befragung mit 1200 Haushalten im Juni 2004 ergab, dass 61,5 Prozent der Haushalte zum Befragungszeitpunkt keine Kreditbelastung hatten. Auch plant die Mehrheit für die Zukunft keine Kreditaufnahme. Etwas mehr als ein Drittel der befragten Personen zahlt zur Zeit einen (27,5 Prozent) oder mehrere Kredite (8,2 Prozent) zurück. Ganz oben auf der Wunschliste steht die Anschaffung oder Sanierung einer Immobilie.

Gründe für die Kreditaufnahme

fast 66 Prozent	Anschaffung oder Sanierung einer Immobilie
21,5 Prozent	Kauf eines Autos oder Motorrads
5,6 Prozent	Erwerb einer Wohnungseinrichtung
1,9 Prozent	Geschäftseröffnung/Selbstständigkeit
2,1 Prozent	Überbrückung finanzieller Engpässe

Indikatoren für finanzielle Krisen

Um solche finanziellen Engpässe zu erkennen, sollten Sie sich Frühwarnsysteme einbauen. Diese Indikatoren weisen Sie rechtzeitig auf eine Schieflage bei den privaten Finanzen hin, die auch in eine Krise oder Katastrophe münden können:

- Ihre Liquiditätsreserve von zwei bis drei Monatsgehältern ist aufgebraucht – siehe Terrassenmodell, Kapitel »Was muss ich vor der Geldanlage wissen«.
- Ihr anderes Vermögen ist langfristig gebunden.
- Zwar laufen Sparverträge, aber der Kontostand rutscht immer weiter ins Minus.
- Ihre Immobilienfinanzierung frisst Ihr Monatsbudget und sämtliche Reserven auf.

Sinnvoll ist es deswegen, regelmäßig und selbstkritisch die eigenen Kontoauszüge anzuschauen.

Kredite als Wunscherfüllungsprogramme?

Konsumentenkredite werden zur Verkaufsförderung eingesetzt.

Geld leihen ist so einfach wie nie zuvor. An Angeboten mangelt es nicht: »Hier werden Ihre Träume war – unser Online-Kredit verleiht Ihren Träumen Flügel.« Egal, ob es um ein neues Auto, eine Wohnungseinrichtung oder um den Traumurlaub geht – Konsumentenkredite stehen bei den Deutschen hoch im Kurs. Zur Jahresmitte 2004 standen private Verbraucher mit mehr als 981 Milliarden Euro bei Kreditinstituten in der Kreide. Im Vergleich zum Wert von vor fünf Jahren ist das ein Plus von knapp 18 Prozent. Das neue Wohnzimmer, die exklusive Urlaubsreise, der Hightech-Fernseher oder auch nur die Waschmaschine – all diese Konsumfreuden wollen schnell genossen werden. Da kommen Ratenkredite, Anschaffungsdarlehen, Kleinkredite, Privat-, persönliche oder Sofortdarlehen gerade recht. Damit wird der Kleinkredit zum »Wunscherfüllungsprogramm«. Sie sind allesamt Konsumentenkredite mit einem festen Darlehensbetrag, der während der gesamten Laufzeit in gleich bleibenden monatlichen Tilgungsraten zurückzuzahlen ist. Konsumentenkredite gewähren Liquidität zwischen 5 000 und 25 000 Euro. Der Preis dafür liegt im Schnitt etwas niedriger als bei einem üblichen Dispositionskredit.

Bei mehreren Kleinkrediten geht schnell der Überblick verloren.

Kleinkredite werden mitunter sehr leichtfertig eingeräumt. Vor allem, wenn mehrere Kreditverträge abgeschlossen worden sind, können Kreditnehmer leicht den Überblick verlieren. Verschlechtert sich dann die finanzielle Lage, vor allem im Fall der Arbeitslosigkeit, ist der Schuldner äußerst schnell zahlungsunfähig.

Auch der Einzelhandel lockt mit Krediten und Ratenzahlungen. Häufig treten Auto- und Möbelhäuser dabei selbst als Kreditgeber

auf, um den Verkauf zu forcieren. Die Prüfung des finanziellen Spielraumes der privaten Kunden wird dabei häufig unterlassen. Ein Großteil der privaten Schulden aus Kreditverträgen geht auf die Anschaffung von Immobilien, Möbeln oder die Finanzierung von Reisen zurück.
Auch hohe Handyrechnungen werden zunehmend zum Problem. Und unvorhersehbare Ereignisse wie Arbeitslosigkeit, ein Unfall, eine lange Krankheit oder Ehescheidung bringen finanzielle Zukunftsplanungen schnell durcheinander.

Bei Kreditschwierigkeiten: Intensivberatung hilft

Beratung durch die Bank

Wenn ein Verbraucher Ratenkredite nicht pflichtgemäß abbezahlen kann, dann hilft vielfach eine intensive persönliche Beratung durch das Kredit gebende Institut weiter. Dies ist für den Kunden ebenso von Vorteil wie für die Bank, der ein Zahlungsausfall erspart bleibt. Eine Intensivbetreuung bedeutet: Die Bank sucht das persönliche Gespräch mit dem säumigen Kunden, anstatt ihm nur einen Mahnbrief zu schicken. Im Dialog werden dann verschiedene Lösungsansätze diskutiert, etwa eine Verringerung der Ratenhöhe oder Stundungen.
Wie sinnvoll eine intensive perönliche Beratung ist, zeigt eine empirische Untersuchung des E-Finance-Lab, einer gemeinsamen Forschungseinrichtung der Universität Frankfurt am Main und der

Dispositionskredit

Ein Dispositionskredit ist der eingeräumte Kreditrahmen auf dem Girokonto. Hier sind Tilgungen jederzeit möglich. Sie geschehen üblicherweise automatisch durch Kontogutschriften. Der Kreditrahmen kann immer wieder neu genutzt werden. Als erforderliche Sicherheit gilt regelmäßiges Einkommen durch Lohn oder Gehalt. Die maximale Kredithöhe beträgt das Zwei- bis Dreifache des Monatsnettoeinkommens, bei guter Bonität des Girokontonutzers bis zum Fünffachen.

Konsumentenkredit

Ein Konsumentenkredit ist ein Kredit über einen festen Betrag, der in gleich bleibenden Raten oder in einer Summe zurückbezahlt wird. Als erforderliche Sicherheiten verlangen die Banken die Abtretung von Gehaltsansprüchen oder eine Sicherungsübereignung. Die maximalen Kredithöhen liegen meist zwischen 5000 und 25 000 Euro. Die Laufzeit beträgt meistens zwischen sechs Monaten und drei Jahren.

Hypothekenkredit oder Annuitätendarlehen
Ein Hypothekenkredit ist ein grundpfandrechtlich abgesichertes Darlehen über einen festen Betrag, der in festen Monatsraten getilgt wird. Sondertilgungen sind seltener zu vereinbaren, doch nach Ablauf der Zinsbindung ist Tilgung immer möglich. Als Sicherheit wird die Bank mit der Höhe der Grundschuld ins Grundbuch eingetragen. Die Laufzeiten von Hypothekendarlehen liegen meistens zwischen 15 bis 30 Jahren, die übliche Zinsbindung liegt bei 5 bis 30 Jahren.

Technischen Universität Darmstadt. Für die Studie wurden 1400 ausfallgefährdete Ratenkredite analysiert. Im Schnitt waren die Verbraucher mit 387 Euro im Rückstand und hatten noch eine Restschuld von 7600 Euro. Dank einer Intensivbetreuung durch die Bank konnten vier von zehn Kreditnehmern rückstandsfrei gestellt werden – ohne Betreuung waren es nur 29 Prozent. Rund 20 Prozent waren nach einer Beratung noch mit mehr als zwei Raten im Rückstand, ohne Beratung waren es über 40 Prozent. Deswegen: Suchen Sie das Gespräch mit Ihrem Betreuer. Kommunizieren Sie Ihr Problem, gemeinsam finden Sie leichter eine individuelle Lösung. So wahren Sie Ihre Möglichkeiten bei Anpassungsbedarf und Krisen.

Ein Ausweg: Umschulden vom Dispo- in einen Ratenkredit

Verführungen drohen aber auch beim alltäglichen Umgang mit EC-, Kredit- und Kundenkarte. Gerne überziehen die Deutschen ihre Girokonten. Schließlich lauern Versuchungen an allen Ecken. Ein Ausweg, aus den Untiefen des Dispositionskredits herauszukommen, kann das Umschulden in einen Ratenkredit sein. Das hat den Vorteil, dass meist weniger für die Sollzinsen zu zahlen ist. Mit dem Ratenkredit kann man den Sollstand auf dem Girokonto auf einen Schlag ausgleichen und dann in monatlichen Raten tilgen. Damit Ihnen dasselbe nicht schon bald wieder passiert, können Sie den eingeräumten Kreditrahmen Ihres Girokontos bei der Bank jederzeit auf ein ungefährliches Maß reduzieren oder den Kreditrahmen ganz streichen.

Kapitallebensversicherungen: Besser verkaufen als kündigen

Nur die Hälfte aller Kapitallebensversicherungen hat bis zum Ende Bestand.

Nur etwa die Hälfte der Kapitallebens- und Rentenversicherungsverträge hierzulande besteht bis zum Ende der vereinbarten Laufzeit. Solche langfristigen Verträge scheinen heutzutage nur noch schwer auf moderne Lebensverläufe zu passen. Aus diesem Grunde stehen traditionelle Langfristprodukte wie Kapitallebensversicherungen oder private Rentenversicherungen immer wieder in der Kritik. Häufig müssen Versicherte ihre Versicherung aus finanziellen Gründen auflösen. Jeder zweite Vertrag wird vorzeitig gekündigt, selbst wenn das ein schlechtes Geschäft ist, weil die Gewinnanteile erst zum Schluss der Laufzeit wachsen. Im Kündigungsfall erstatten die Versicherungsgesellschaften ihren Kunden nur den meist mickerigen Rückkaufswert. Das ist das Sparguthaben samt Zinsen abzüglich der Kosten für Provision, Risikoschutz, Verwaltung und einer Stornogebühr von drei bis fünf Prozent. Je nach Tarif und Versicherer kann es passieren, dass bei einer Stornierung in den ersten fünf bis acht Jahren allenfalls die eingezahlten Beiträge zurückgezahlt werden. Außerdem verlangt das Finanzamt von den Zinsen Kapitalertragssteuer und Solidaritätszuschlag, wenn der Abschluss der Police noch keine zwölf Jahre zurückliegt und der Sparerfreibetrag bereits anderweitig ausgeschöpft ist. Alternativ bieten Lebensversicherungsgesellschaften in finanziellen Notlagen verschiedene Möglichkeiten wie Beitragsstundung von bis zu zwei Jahren, reduzierte Beiträge oder Auszahlung der Überschüsse an.

Beitragsstundung

Beim Marktführer Allianz etwa stand Ende 2003 jede fünfte von insgesamt 10,2 Millionen Lebenspolicen beitragsfrei. Und bei der WWK ruhen zehn Prozent der fondsgebundenen Lebensversicherungen. Um die Belastungen zu drücken, kann man auch die Dynamik ausschließen oder die Unfall-Zusatzversicherung kündigen.

Verkauf der Police

Seit einigen Jahren gibt es in Deutschland eine weitere Alternative: der Verkauf der Police. Wer die Versicherung auf jeden Fall loswerden muss, kann die laufende Versicherung veräußern. Der Käufer übernimmt den Vertrag und zahlt dafür einen Kaufpreis, der sich nach dem aktuellen Wert der Kapitallebensversicherung richtet. Oft liegt dieser Kaufpreis drei bis sieben Prozent über der Summe, die es von der Versicherung geben würde. Manche Anbieter bieten bis zu 15 Prozent mehr.

Voraussetzungen für den Verkauf

Wer seine Lebensversicherung auf dem Zweitmarkt verkaufen will, kann dies bei verschiedenen Anbietern tun. Voraussetzungen für ein Kaufangebot sind meist ein Mindestrückkaufwert von 6500 bis 10 000 Euro, und die Restlaufzeit sollte mindestens 15 Jahre betragen. Außerdem kaufen die Unternehmen nur Policen von guten Gesellschaften. Ein konkretes Angebot erstellt das Unternehmen, nachdem es einen Vertrag auf Herz und Nieren geprüft hat. In 30 bis 50 Prozent der Fälle wird der Kauf abgelehnt. Ein Markt für Gebraucht-Policen hat sich in Großbritannien bereits Ende des 19. Jahrhunderts etabliert und auch in den USA ist dieser Geschäftszweig weit verbreitet.

Baufinanzierung wankt – Beratung suchen

Wird es jeden Monat schwerer, die Rate für den Hypothekenkredit zu verkraften? Oder befürchten Sie dies schon in naher Zukunft? Dann sollten Sie das Gespräch suchen. Denkbar ist der Gang in Ihre Bank, die Ihnen den Kredit erteilt hat. Unabhängige Beratung finden Sie allerdings auch bei Verbraucherschützern. So bieten die Verbraucherzentralen ein spezielles Beratungs- und Berechnungsangebot für Hausbesitzer an, deren Immobilienfinanzierung in Not geraten ist. Zwar ist die Beratung nicht kostenlos, die Preise differieren in den verschiedenen Bundesländern – in Baden-Württemberg kostete sie im Jahr 2004 beispielsweise 80 Euro –, doch sie beinhaltet eine Analyse der Baufinanzierung, Vergleichsberechnungen mit Finanzierungsalternativen und die Entwicklung von Strategien zur Verhandlung mit dem Kreditgeber. Das Problem: Eine Tilgungsaussetzung bedeutet, dass man insgesamt mehr Zinsen zahlen muss, weil der Kredit dann immer später abgezahlt wird, die Belastungen also immer länger dauern.

Verbraucherzentralen

Die Schuldenfalle

3,1 Millionen deutsche Haushalte waren im Jahre 2004 überschuldet. Das entspricht 8,1 Prozent aller Haushalte. Damit hat sich der steigende Trend der vergangenen Jahre weiter fortgesetzt: 1994 gab es 2 Millionen überschuldete Haushalte, 1999 2,7 Millionen. In den neuen Bundesländern ist es jetzt fast jeder neunte Haushalt, in den alten Bundesländern einer von vierzehn. Hier sind die Schulden im Schnitt allerdings höher und liegen bei jedem Vierten über 50 000 Euro. Dabei hält der Schuldentrend deutscher Konsumenten ungebrochen an. Die Zahl der gerichtlichen Zwangsmaßnahmen gegen Privatpersonen stieg in den ersten sechs Monaten des Jahres 2004 um sechs Prozent auf knapp 900 000 Fälle an. 41 158 Privatinsolvenzen wurden im ersten Halbjahr 2004 beantragt. Im Vergleich zum Vorjahreszeitraum ist das eine Steigerung um mehr als 28 Prozent. Der Anteil überschuldeter Haushalte in Ostdeutschland lag bei 11,3 Prozent, im Westen waren es 7,2 Prozent.

Überschuldung als gesellschaftliches Problem

Was ist Überschuldung?

Überschuldung ist, wenn Verbraucher – obwohl sie ihren Lebensstil auf das Nötigste reduzieren – nach Abzug der Lebenshaltungskosten ihre Schulden nicht fristgerecht tilgen können. Hat man nach Abzug der allgemeinen Kosten wie Miete, Heizkosten, Strom, Telefongebühren, Versicherungsbeiträge und den notwendigen Kosten für den Lebensunterhalt kein oder nicht mehr genügend Einkommen, um die vereinbarten Raten und Zinsen – auch in absehbarer Zeit nicht – zu zahlen und kein anderweitiges Vermögen, dann steckt man in der Überschuldung. Anders formuliert: Die zu leistenden monatlichen Gesamtausgaben sind höher als die Einnahmen. Von Verschuldung spricht man im Gegensatz dazu immer dann, wenn Forderungen bestehen, die sofort oder in Zukunft zu begleichen sind.

Mit dieser Marke erreicht die Schuldenproblematik eine neue Dimension. Es geht längst nicht mehr nur um die Menschen, die leichtfertig ihre finanziellen Möglichkeiten überschätzen. Die Überschuldung wird zu einem ernsten sozialen Problem. Verliert ein Schuldner seinen Arbeitsplatz, dann kann ein Kreditvertrag dazu führen, dass er in die Zahlungsunfähigkeit schlittert. Damit wird klar: Überschuldung ist kein Randgruppenproblem mehr; es erwischt auch immer öfter die gut verdienende Mittelschicht. Eine längere Krankheit oder eine Scheidung können in den finanziellen Ruin führen. Die Zahl der Scheidungen erreichte 2003 eine Rekordhöhe. 213 975 Ehen lösten die Familienrichter.

Ursachen

Und mit der Überschuldung drohen mancherlei Schwierigkeiten: sozialer Abstieg, Verlust der Wohnung, Erziehungsprobleme, Partnerschaftskrisen, Einschränkungen bei Ernährung und Hygiene, Kriminalität.

Meist gibt es nicht nur eine Ursache für Überschuldung, sondern ein ganzes Bündel. Ist man schon in Schwierigkeiten, kann ein schwer wiegendes Ereignis – wie Arbeitslosigkeit, Geburt eines Kindes, Trennung, Sucht – tief in die Überschuldung führen. Lebensgemeinschaften mit Kindern und allein Erziehende haben dabei ein besonders hohes Überschuldungsrisiko.

Im Osten suchten wegen Arbeitslosigkeit 46 Prozent die Schuldnerberatung auf, im Westen waren es 23 Prozent. In Westdeutschland spielen daneben vor allem Trennung und Scheidung mit 23 Prozent und gescheiterte Selbstständigkeit mit 20 Prozent eine wichtige Rolle. Während im Westen Haushalte mit drei oder mehr Personen überproportional vertreten sind, führte im Osten jeder Zweite einen Einpersonenhaushalt. Gläubiger waren bei 70 Prozent die Banken, bei 42 Prozent der Versandhandel und bei 27 Prozent die Telefongesellschaften.

Zunahme der Verbraucherinsolvenzen

1. Halbjahr 2003: 15,6 Prozent

1. Halbjahr 2004: 20,9 Prozent

Ein Zuwachs von 34,0 Prozent.

Quelle: Creditreform

Die Schuldenspirale

Von der Mahnung zum Gerichtsvollzieher

Der Weg in die Überschuldung beginnt, wenn die Zahlungsverpflichtungen nicht mehr dauerhaft zu leisten sind. Viele Schuldner sind dann von der Flut der Mahnungen, Zahlungserinnerungen und -aufforderungen überfordert, reagieren falsch oder gar nicht, bis irgendwann der Gerichtsvollzieher vor der Tür steht. Schließlich haben Gläubiger das Recht, ihre Forderungen durchzusetzen. Zunächst schicken sie dem Schuldner schriftliche Mahnungen. Erfolgt darauf keine Reaktion, folgen Mahnbescheide, die das für den Wohnsitz des Gläubigers zuständige Amtsgericht erlässt. Im Mahnbescheid sind der Betrag, die Verzugszinsen und die verursachten Kosten aufgeführt. Das Amtsgericht überprüft nicht, ob der Anspruch gerechtfertigt ist. Hierbei sollte man als Schuldner kontrollieren, ob die angegebenen Forderungen mit dem eigenen Schuldenstand übereinstimmen und ob sie auch wirklich berechtigt sind. Einspruch kann man 14 Tage lang ab der Zustellung einlegen, wenn Zweifel an der Höhe der Forderung, der Zinsen und der Kosten bestehen. Außerdem werden Inkassobüros mit der Eintreibung der Forderungen beauftragt oder Pfändungen im Rahmen der gerichtlichen Zwangsvollstreckung beantragt und als letztes Mittel die Abgabe der eidesstattlichen Versicherung verlangt. Zu einer oft verhältnismäßig kleinen Hauptforderung gesellen sich schnell beträchtliche Nebenforderungen der Gläubiger. Am Ende steht der Schuldner oftmals einem kaum noch überschaubaren Berg von

Forderungen gegenüber, der auch bei weiterer Ratenzahlung in vielen Fällen nicht abnimmt, sondern durch die Anrechnung von Zinsen und Kosten weiter wächst.

Privatinsolvenz – der Weg aus der Schuldenspirale

Hat man das alles nicht mehr im Griff, sollte man die Hilfe einer Schuldnerberatung suchen. Sinnvoll ist es, nicht zu warten, bis die Situation völlig undurchsichtig wird. Und gewöhnlich wird der Schuldenberg umso größer, je länger man wartet. Dabei ist Umschulden meist nicht der beste Weg, sondern es droht eine weitere Drehung in der Schuldenspirale.

Schuldnerberatung

Nehmen Sie zur Schuldnerberatung alle nötigen Belege mit: Gehaltsbescheinigung, Verträge, Rechnungen, Mahn- und Vollstreckungsbescheide, Urteile, die Korrespondenz mit Gläubigern, falls vorhanden, und die Liste der monatlichen Einnahmen und Ausgaben. Zunächst müssen die Unterlagen geordnet und der Überblick über den aktuellen Stand der Ein- und Ausgänge und der Schulden geschaffen werden. Es muss geprüft werden, ob die Forderungen rechtens und begründet sind. Der nächste Schritt einer Schuldnerberatung ist, Zwangsmaßnahmen zu stoppen. Gemeinsam wird dann ein Haushaltsplan aufgestellt, bei dem die Berater Einsparmöglichkeiten bei den monatlichen Kosten ebenso berücksichtigen wie neue mögliche Einnahmequellen. Danach wird ein Schuldenplan entwickelt, um Wege zur Schuldenregulierung und realistische Rückzahlungsmöglichkeiten zu finden. Neben den Verhandlungen mit den Gläubigern vermitteln die Schuldnerberater auch Hilfe zur Selbsthilfe, damit der Betroffene in Zukunft seine finanziellen Angelegenheiten eigenständig regeln kann und keinen weiteren Rückfall in die Überschuldung erlebt.

Restschuldbefreiung

Mit dem In-Kraft-Treten der neuen Insolvenzordnung am 1. Januar 1999 und der Reform 2001 haben überschuldete Menschen die Chance auf einen Neuanfang, auf einen Konkurs mit Restschuldbefreiung. Der Prozess der Entschuldung dauert sieben Jahre.

Am Anfang steht eine halbjährige Phase – das vorgeschaltete Bereinigungsverfahren –, in der Gläubiger und Schuldner zusammen nach einem Tilgungsweg suchen müssen. Misslingt dieser Schlichtungsversuch, kann der Schuldner vor Gericht ziehen und den Privatkonkurs beantragen. Vor dem Insolvenzgericht des zuständigen Amtsgerichtes wird dann erneut der Versuch gestartet, einen Tilgungsplan als gütliche Einigung festzulegen. Ziehen die Gläubiger nicht mit, kann das Gericht eine Entscheidung treffen.

Sieben Jahre sind zu überstehen

Während des nun sechsjährigen Zeitraumes gilt für alle Gläubiger ein Moratorium. Das bedeutet: Zwangsvollstreckungen sind nicht zulässig. Nach diesen Jahren, in denen der Schuldner seine Gläubiger so gut wie möglich befriedigt hat, kann er darauf hoffen, von der Restschuld befreit zu werden. Doch: sieben Jahre Wohlverhalten – ein steiniger Weg liegt vor den Betroffenen. Zumal Bedingungen wie beispielsweise Erwerbstätigkeit erfüllt sein müssen. Hat der Schuldner keinen Arbeitsplatz, muss er sich um einen solchen bemühen und darf keine zumutbare Tätigkeit ablehnen. Erbt der

Vermögen sichern bei Hartz IV

Auf das neue Arbeitslosengeld II, das seit 2005 gilt, wird grundsätzlich auch Vermögen angerechnet, das für die Altersvorsorge zurückgelegt wurde. Hartz IV regelt den Bezug von Arbeitslosenhilfe und Sozialhilfe neu. Betroffen sind vor allem Langzeitarbeitslose, also Personen, die mehr als ein Jahr arbeitslos sind. Unter dem Begriff »Arbeitslosengeld II« werden die bisher getrennten Arbeitslosen- und Sozialhilfe zusammengefasst. Wer zu viel hat, muss erst das Vermögen aufbrauchen, bevor er Arbeitslosengeld II bekommt. Angerechnet werden alle verfügbaren Vermögenswerte wie Bargeld, Sparguthaben, Aktien, Fonds und alle anderen Wertpapiere, Lebens- und Rentenversicherungen, Edelmetalle und auch Antiquitäten – doch nur, wenn bestimmte Freibeträge überschritten werden. Dabei gilt, dass Auto und Hausrat angemessen sein müssen. Luxusgüter werden als Vermögen angerechnet. Das Gesetz trat zwar am 1. Januar in Kraft, aber die Vermögensanrechnung wird erst 2006 relevant.

Vermögensanrechnung wird erst 2006 relevant.

Wer seine Altersvorsorge gegen diese Anrechnung sichern will, sollte die gesetzlich vorgesehenen Möglichkeiten ausschöpfen. Beispielsweise kann man eine Riester-Rente oder eine betriebliche Altersversorgung abschließen. Diese Formen der Altersvorsorge werden beim Arbeitslosengeld II nicht angerechnet. Das gilt auch für Lebensversicherungen, wenn im Versicherungsvertrag steht, dass die Versicherung nicht vor dem Ruhestand ausgezahlt wird. Lassen Sie eine so genannte Hartz-Klausel in Ihren Vertrag setzen. Damit ist ein »Ausschluss der Verwertung vor dem Ruhestand« gewährleistet. Das Kündigen von Kapitallebensversicherungen aus Angst vor Arbeitslosigkeit ist sicher nicht empfehlenswert.

Freibeträge für die Altersvorsorge

Für anderes Vermögen, das eindeutig für die Altersvorsorge vorgesehen ist, gilt ein Grundfreibetrag von 200 Euro pro Lebensjahr, maximal jedoch 13 000 Euro. Für Kinder ist ein Freibetrag von 4 100 Euro zu berechnen. Für ein 50-jähriges Paar ohne Kinder ergibt sich zum Beispiel ein Freibetrag von 20 000 Euro.

Hartz IV-Freibetrag einer vierköpfigen Familie

Eltern: 41 und 37 Jahre, zwei minderjährige Kinder

Grundfreibetrag Arbeitslose (41 J.)	41 x 200	8 200 Euro
Grundfreibetrag Partner (37 J.)	37 x 200	7 400 Euro
Freibetrag für notwendige Anschaffungen pro Person	4 x 750	3 000 Euro
Summe		18 600 Euro

Der Familie steht insgesamt ein Freibetrag von 18 600 Euro zur Verfügung. Erst darüber hinausgehende Vermögenswerte werden berücksichtigt, sofern sie nicht zum Vermögen der Kinder zu rechnen sind.

Vermögensfreibetrag für Kinder	2 x 4 100	8 200 Euro

Beim Arbeitslosengeld II wird das eigengenutzte Haus oder die selbst bewohnte Wohnung nicht angerechnet. Allerdings darf die Wohnfläche 130 Quadratmeter nicht überschreiten. Rürup-, Riester- und Betriebsrenten sind dagegen komplett »hartz-sicher«, bleiben also beim Sozialgeld für arbeitsfähige Sozialhilfeempfänger und beim Arbeitslosengeld II für Langzeitarbeitslose anrechnungsfrei.

Rürup-, Riester- und Betriebsrente sind »hartz-sicher«

Schuldner in dieser Zeit, muss das Vermögen zur Hälfte an den Treuhänder gegeben werden. Zudem hat man umfassende Informationspflichten gegenüber dem Insolvenzgericht und seinem Treuhänder. Hierzu gehört die unverzügliche Anzeige jeglicher Veränderung des Wohnsitzes oder der Arbeitsstelle. Bleibt dem Schuldner nach Abzug des Pfändungsbetrages noch Geld, kann er dieses auch während der sechs Jahre für den Vermögensaufbau nutzen. Die Gläubiger haben darauf keinen Zugriff. Dabei fallen die monatlichen Pfändungsbeträge moderat aus. Beispiel: Eine allein erziehende Mutter mit einem Kind muss bei einem Nettoeinkommen von 1 500 Euro lediglich 110 Euro pro Monat an die Gläubiger abgeben.

Pfändungsbeträge

Am Ende der sechs Jahre steht die Restschuldbefreiung. Danach ist man niemandem mehr etwas schuldig. Aber es darf zu keiner weiteren Überschuldung kommen: Geht die Privatperson noch einmal Pleite, hat sie Pech gehabt – ein zweites Insolvenzverfahren gibt es nicht.

Wichtig: seriöse Berater

Die Schuldnerberatung ist kostenlos.

In einer scheinbar ausweglosen Situation braucht man die richtigen, seriösen Berater. Eine gute Schuldnerberatung ist kostenlos – darauf hat jeder einen gesetzlichen Anspruch. Empfehlenswert ist die Beratung bei den Schuldnerberatungsstellen der freien Wohlfahrtsverbände, Verbraucherorganisationen oder Verwaltungen von Städten und Gemeinden. Die Fachleute der Schuldnerberatungsstellen – Juristen, Sozialarbeiter, Bankkaufleute – helfen, indem sie versuchen, die Schuldensituation in den Griff zu bekommen. Es gibt zudem die gewerbliche Schuldnerberatung, die für Rat Suchende allerdings nicht kostenlos ist. Hier finden Sie seriöse Schuldnerberatung:

- Rotes Kreuz
- Arbeiterwohlfahrt
- Caritasverband
- Deutscher paritätischer Wohlfahrtsverband
- Diakonisches Werk
- Verbraucherzentrale
- Sozial- und Jugendämter von Städten und Gemeinden.

Adressen von Schuldnerberatungen an Ihrem Wohnort liefert beispielsweise die Datenbank der Bundesarbeitsgemeinschaft Schuldnerberatung e. V. unter www.bag-schuldnerberatung.de.

Das Internet kann eine individuelle Schuldnerberatung nicht ersetzen, bietet aber sehr gute Grundlageninformationen. Hier als Beispiel der »Wegweiser Schulden« der Verbraucherzentrale Hessen e.V.

Zusammenfassung

Die Zeiten werden rauer. Das ist auch aus den Statistiken herauszulesen. Ob die Zahlen von der Schufa oder vom Statistischen Bundesamt kommen – immer mehr Menschen haben Schwierigkeiten, mit ihrem monatlichen Einkommen auszukommen. Abhilfe schafft hier nur eine andere Sichtweise. Kleinkredite sind eine Belastung für die Zukunft und keine Wunscherfüllungsprogramme.

Kleinkredite sind eine Belastung für die Zukunft.

Generell sollte man bei Zahlungsproblemen mit dem Gläubiger sprechen. Eventuell lassen sich Lösungen aushandeln. Wenn die laufende Immobilienfinanzierung unsicher wird, ist dies auch eine Möglichkeit. Geht es um komplexe Zusammenhänge, ist eine professionelle Beratung bei einer unabhängigen Institution empfehlenswert.
Ist man nicht mehr in der Lage, monatlich seine Beiträge zur Kapitallebensversicherung zu zahlen, gibt es weitaus bessere Alternativen als die Kündigung, z. B. beitragsfrei stellen und damit einfach laufen lassen. Oder, wenn man sich wirklich vom Vertrag trennen will, diesen zu verkaufen. Das bringt etwas mehr – allerdings nicht wirklich viel mehr – als die Kündigung.
Wer tief in der Schuldenfalle sitzt, benötigt dringend sofortige professionelle Unterstützung, die übrigens laut gesetzlicher Regelung nichts kosten darf. Die Möglichkeit der Privatinsolvenz eröffnet nach sieben harten Jahren immerhin die Befreiung von allen Schulden und einen sorgenfreien Neuanfang.

Tipps für die verschiedenen Geldtypen

Souveräne

Das Problem der Ver- und Überschuldung zieht sich durch alle Bevölkerungsschichten. Auch wenn Souveräne nicht überschuldungsgefährdet sind, sollten Sie kritisch Ihre Kontostände sowie Ein- und Ausgänge überprüfen. Sorgen Sie dafür, dass Sie regelmäßig kleinere Beträge ansparen. Dann brauchen Sie keine Konsumentenkredite.

■ Ambitionierte

Auch Ambitionierte neigen nicht zur Überschuldung. Aber es trifft mittlerweile auch die Mittelschicht und viele Selbstständige. Bauen Sie also vor, damit Ihnen die schlechte Zahlungsmoral Ihrer Kunden keine Probleme bereiten kann. Achten Sie deswegen darauf, dass Sie immer einen Puffer in Ihrer Liquidität besitzen.

■ Vorsichtige

Monatliche Verbindlichkeiten kommen dann besonders teuer zu stehen, wenn man sie nicht mehr zahlen kann. Überprüfen Sie deswegen das Verhältnis von »freiem« und »schon eingeplantem« Anteil Ihres Einkommens. Ist dieser Spielraum unverhältnismäßig klein, kann dies ein Warnsignal sein.

■ Pragmatiker

Eigentlich ist es einfach: Kaufen Sie nur, wenn Sie auch wirklich das Geld dafür auf der hohen Kante haben. Das gilt sicher nicht für eine Immobilie, aber für die anderen Träume im Leben, die uns lieb und teuer sind.

■ Delegierer

Eine Schufa-Studie zum Verschuldungsverhalten der Deutschen ergab: Wer sich gut mit Geld auskennt, macht keine oder weniger Schulden. Ein geringes Finanzwissen bedeutet auch eine starke Schuldenneigung. Kümmern Sie sich also um Ihre Finanzen und erweitern Sie Ihr Wissen. Das wappnet Sie vor Schulden.

■ Bescheidene

Nicht Berufstätige haben eher geringeres Wissen und eine höhere Schuldenneigung. Insgesamt neigen Personen mit sehr niedrigem Finanzwissen eher dazu, Schulden zu machen. Kommt dann noch eine gewisse Passivität dazu, vor allem in schwierigen finanziellen Phasen, kann es eng werden. Deswegen sollten Sie dafür sorgen, dass Sie nicht den Überblick verlieren und von Schulden überrannt werden.

■ Leichtfertige

Es regelt sich eben nicht von selbst. Auf Mahnungen folgen weitere und schließlich der Gerichtsvollzieher. Auch wenn Sie wenig Interesse haben, sich mit Finanzdingen zu beschäftigen, sollten Sie sich klar machen, dass ein Leben auf Pump nicht funktionieren kann. Kommt dann noch eine schwierige persönliche Situation dazu, wie Scheidung, Krankheit oder Arbeitslosigkeit, dann können Sie in die Schuldenfalle tappen.

■ Überforderte

Wer überschuldet ist, soll auf keinen Fall den Kopf in den Sand stecken. Denn davon wird die Situation nicht besser. Lassen Sie sich möglichst früh beraten, anstatt zu warten, bis der Gerichtsvollzieher den Kuckuck auf das Sofa klebt. Gestehen Sie sich Ihr Problem ein und auch die Tatsache, dass Sie alleine nicht mehr herauskommen. Die Schuldnerberatung hilft Ihnen. Der Weg wird steinig sein, aber am Ende haben Sie den Ausstieg aus der Schuldenspirale geschafft.

Das Buch zu Ende und viele Fragen offen? Hier finden Sie wichtige Ansprechpartner zu den einzelnen Themen.

Weiterführende Informationen

Leitfrage aus dem Kanon der finanziellen Allgemeinbildung

Wie komme ich an die entscheidenden Informationen?

Im Folgenden sind verschiedene Adressen angeführt, bei denen man Informationen zu den im Buch angeführten Themen finden kann.

Übergreifende Informationen

www.finanztest.de

Seit 1996 gibt die Stiftung Warentest monatlich auch die Zeitschrift Finanztest heraus. Hier finden sich unabhängige Informationen rund um das Thema Geldanlage.

www.bundderversicherten.de

Der Bund der Versicherten informiert kritisch über die Angebote der Versicherungen und bietet günstige Gruppentarife.

www.verbraucherzentrale.de

Die Dachadresse der verschiedenen Verbraucherzentralen in den unterschiedlichen Bundesländern. Die Verbraucherzentralen informieren kompetent und unabhängig.

Informationen zu gesetzlicher und betrieblicher Altersvorsorge

www.vdr.de

Im Verband Deutscher Rentenversicherungsträger sind alle Träger der gesetzlichen Rentenversicherung zusammengeschlossen. Der gemeinsame Internetauftritt ist eine Fundgrube an Informationen aus erster Hand.

www.bfa.de

Die Bundesversicherungsanstalt für Angestellte ist der größte deutsche Rentenversicherungsträger. Auf ihrer Website bietet die BfA Zahlen, Daten und Fakten rund um die Rente sowie zahlreiche Service-Funktionen und Bestellmöglichkeiten.

www.aba-online.de
Bei der Arbeitsgemeinschaft für betriebliche Altersversorgung gibt es ein breites Informationsangebot zu den verschiedenen Formen der betrieblichen Altersvorsorge sowie ein Glossar der wichtigsten Begriffe.

www.dia-vorsorge.de
Das Deutsche Institut für Altersvorsorge (DIA) will einen aktiven Beitrag durch eigene Studien und Projekte zur Aufklärung der Bevölkerung leisten. Beispielsweise durch die Publikationen zu: Vorruhestand, Vorsorgeillusion, Altersvorsorge von Frauen.

Informationen zu Finanzprodukten

www.bvi.de
Der Bundesverband Investment und Asset Management e.V. ist die Branchenvertretung der Investmentgesellschaften. Sie informiert rund um die Fondsanlage.

www.dai.de
Die Webseite des Deutschen Aktieninstituts ist eine gute Adresse für alle, die mehr über den Aktienmarkt wissen wollen.

www.kfw-foerderbank.de
KfW Förderbank – Überblick über die günstigen Kredite der bundeseigenen Bank.

www.baufoerderer.de
Überblick über Kredite bei Kreis- und Gemeindeverwaltungen, alternativ oder zusätzlich zum KfW-Kredit.

www.bwpv.de
Die Bundeswertpapierverwaltung deponiert auch Ihre Bundespapiere kostenlos.

www.bausparkassen.de
Der Verband der Bausparkassen hilft weiter mit Verbraucher- und Bausparinformationen.

www.boerse-muenchen.de
Der Internetauftritt der Börse München liefert umfassende Informationen zur Struktur und Organisation der Börse München, dazu aktuelle Kurse, verbindliche Quotes, das tagesaktuelle Kursblatt als Download, Nachrichten und Pressemeldungen sowie Veranstaltungstermine für Privatanleger.

Bei Problemen:
Fragen Sie nach den jeweiligen Ombudsmännern der Banken und Versicherungen. Diese helfen ihnen als neutrale Instanz.

Anlegerschützer

www.sdk.org
Die Schutzgemeinschaft der Kapitalanleger (SdK) vertritt die Interessen der Kleinaktionäre gegenüber den Aktiengesellschaften, den Großaktionären und dem Gesetzgeber.

www.dsw-info.de
Die Deutsche Schutzvereinigung für Wertpapierbesitz (DSW) ist die größte Aktionärsvereinigung in Deutschland. SdK und DSW sind aus dem Anlegerschutz nicht mehr wegzudenken, informieren Aktionäre umfassend und decken unliebsame Machenschaften des grauen Kapitalmarktes auf.

In Krisenfällen:

www.forum-schuldnerberatung.de
Der Träger- und Förderverein »Forum Schuldnerberatung e.V.« listet Beratungsadressen auch in Ihrer Nähe und deckt Geschäfte mit der Armut auf.

www.verbraucherzentrale.de
Die Dachadresse der verschiedenen Verbraucherzentralen in den unterschiedlichen Bundesländern. Die Verbraucherzentralen informieren kompetent und unabhängig – auch in Krisensituationen.

www.bag-schuldnerberatung.de
Den Überblick über Beratungsstellen bringt die Bundesarbeitsgemeinschaft Schuldnerberatung auf ihrer Homepage.

Staatliche Aufsicht

www.bafin.de
Verbrauchern bietet die Bundesanstalt für Finanzdienstleistungsaufsicht umfangreiche Hilfestellungen in Problemfällen. Auch warnt sie vor namentlich genannten Anbietern.

Stichwortverzeichnis

Bildnachweis

Bildagentur Mauritius GmbH: Titelbild, Seiten 52, 89, 123, 158, 173; Mediathek der Europäischen Kommission: Seite 6; HamppMedia GmbH: Seite 28; IBM Deutschland: Seite 126; Klaus Mellenthin: Seite 54 ; MEV Verlag GmbH: Seiten 20, 176; Photodisc: Seite 160; vario-press Photoagentur: Seite 92.